EDITORA intersaberes

O selo DIALÓGICA da Editora InterSaberes faz referência às publicações que privilegiam uma linguagem na qual o autor dialoga com o leitor por meio de recursos textuais e visuais, o que torna o conteúdo muito mais dinâmico. São livros que criam um ambiente de interação com o leitor – seu universo cultural, social e de elaboração de conhecimentos –, possibilitando um real processo de interlocução para que a comunicação se efetive.

Socioeducação: introdução à justiça restaurativa

Adriana Accioly Gomes Massa

Conselho editorial
Dr. Ivo José Both (presidente)
Dr.ª Elena Godoy
Dr. Neri dos Santos
Dr. Ulf Gregor Baranow

Editora-chefe
Lindsay Azambuja

Gerente editorial
Ariadne Nunes Wenger

Preparação de originais
Gilberto Girardello Filho

Edição de texto
Schirley Horácio de Gois Hartmann
Tiago Krelling Marinaska

Projeto gráfico
Laís Galvão

Capa
Iná Trigo (*design*)
WAYHOME studio/Shutterstock (imagem)

Diagramação
Andreia Rasmussen

Equipe de *design*
Iná Trigo
Mayra Yoshizawa

Iconografia
Sandra Lopis da Silveira
Regina Claudia Cruz Prestes

Dados Internacionais de Catalogação na Publicação (CIP)
(Câmara Brasileira do Livro, SP, Brasil)

Massa, Adriana Accioly Gomes
  Socioeducação: introdução à justiça restaurativa/Adriana Accioly Gomes Massa. Curitiba: InterSaberes, 2020.

  Bibliografia.
  ISBN 978-65-5517-578-3

  1. Direito da criança e do adolescente 2. Educação – Aspectos sociais 3. Justiça restaurativa 4. Justiça restaurativa – Brasil 5. Não violência 6. Sistema penal 7. Violência – Aspectos sociais I. Título.

20-35976   CDU-340.114

Índices para catálogo sistemático:
1. Justiça restaurativa: Direito   340.114
Cibele Maria Dias – Bibliotecária – CRB-8/9427

1ª edição, 2020.
Foi feito o depósito legal.

Informamos que é de inteira responsabilidade da autora a emissão de conceitos.

Nenhuma parte desta publicação poderá ser reproduzida por qualquer meio ou forma sem a prévia autorização da Editora InterSaberes.

A violação dos direitos autorais é crime estabelecido na Lei n. 9.610/1998 e punido pelo art. 184 do Código Penal.

Rua Clara Vendramin, 58 ▪ Mossunguê ▪ CEP 81200-170 ▪ Curitiba ▪ PR ▪ Brasil
Fone: (41) 2106-4170 ▪ www.intersaberes.com ▪ editora@editoraintersaberes.com.br

Sumário

Apresentação | 9

Como aproveitar ao máximo este livro | 12

1. Fundamentos da justiça restaurativa | 17
1.1 Conflito, crime e justiça | 19
1.2 Violações humanas: razão e essência | 26
1.3 O resgate da coletividade | 30

2. Justiça restaurativa | 43
2.1 Concepções da justiça restaurativa | 45
2.2 O movimento da justiça restaurativa | 55
2.3 Marcos regulatórios | 57

3. Justiça restaurativa e socioeducação | 69
3.1 Criança e adolescente: caminhada histórica | 72
3.2 Contexto legal | 76
3.3 Medidas socioeducativas e justiça restaurativa | 84

4. Educação e justiça restaurativa | 99
4.1 A não violência no contexto da educação | 101
4.2 Os sete saberes necessários para a educação do futuro | 106
4.3 A justiça restaurativa na educação | 112
4.4 Disciplina restaurativa | 115

5. Justiça restaurativa na prática | 123
5.1 Círculos de construção de paz | 125
5.2 Conferências de Grupos Familiares | 138
5.3 Mediação vítima-ofensor | 143

6. Habilidades sociais dos facilitadores de justiça restaurativa | 151

6.1 O facilitador de processos restaurativos e a abordagem centrada na pessoa | 153

6.2 Empatia | 157

6.3 O princípio da não violência e a comunicação compassiva | 163

7. Redes sociais, espaços de participação e experiências de justiça restaurativa e comunitária no Brasil | 175

7.1 Redes sociais e comunitárias | 177

7.2 Desenvolvimento comunitário e processos participativos | 180

7.3 Experiências de justiça comunitária e restaurativa no Brasil | 187

Considerações finais | 201

Referências | 203

Respostas | 215

Sobre a autora | 221

Agradecimentos

Aos meus ancestrais, que abriram um caminho no qual os principais valores semeados foram a justiça, o conhecimento, o abertismo (curiosidade), a integridade e a ética para com todos os seres. Assim, esta obra somente foi possível porque, antes de mim, eles já haviam deixado um caminho semeado, pelo qual consegui seguir na busca pela justiça por meio do conhecimento, do amor e da sabedoria de todos os que fazem parte da minha rede social pessoal, especialmente meu marido, Marcelo, e minha mãe, Maria Angélica. Minha imensa gratidão a todos.

Apresentação

Esta obra aborda a justiça restaurativa e a socioeducação. Cabe observar que consideramos ser importante destacar não apenas os conceitos e as bases regulatórias que norteiam esses temas, mas também seus fundamentos, pois são eles que possibilitam a interface entre as temáticas. Nesse sentido, apesar de todas as conquistas históricas e sociais na construção e nas garantias dos direitos voltados à criança e ao adolescente, quando o assunto são violações às normas cometidas por esse público, a dificuldade encontrada reside na mudança paradigmática necessária para lidar com as consequências desses atos, desvelando-se premissas punitivas e preconceituosas.

Sob essa ótica, a justiça restaurativa é apresentada como uma possibilidade de avanço, no sentido de construção de modelos mais congruentes com o que preconizam o Estatuto da Criança e do Adolescente (ECA) – Lei n. 8.069, de 13 de julho de 1990 (Brasil, 1990b) – e o Sistema de Garantias dos Direitos da Criança e do Adolescente (SGDCA).

Nesse contexto, é um grande desafio implantar uma proposta que se contrapõe aos pressupostos retributivos e assistencialistas que foram historicamente organizados para tratar de violações e desajustes sociais.

No paradigma restaurativo, diferentemente do retributivo, ao reconhecer a natureza conflitiva do crime, criam-se espaços para que os envolvidos possam dialogar e construir soluções que visem, além de reparar o dano causado, atender às necessidades e aos direitos da vítima e do ofensor. Logo, trata-se de uma oportunidade para a vítima, que passa a contar com a atenção às suas necessidades, e para o ofensor, que pode assumir suas responsabilidades, percebendo o impacto de suas ações para a vítima e a comunidade.

Ademais, o sistema socioeducativo prevê a responsabilidade compartilhada e o aprendizado coletivo, mediante a formação de uma rede integrada destinada à proteção integral, trazendo o desafio da intersetorialidade e, por consequência, do diálogo, tão pouco estimulado em nosso sistema, para a construção da corresponsabilização.

Dessa forma, tendo em vista a importância da justiça restaurativa para o sistema de socioeducação, esta obra apresenta temas importantes na fundamentação e na implementação de modelos restaurativos que possam desenvolver e criar respostas mais humanizadoras, que causem menos danos e possibilitem prevenir a violência.

No primeiro capítulo, apresentaremos os fundamentos da justiça restaurativa mediante a contextualização e a análise das concepções de conflito, crime e justiça, descrevendo as formas de organização e funcionamento do Estado para tratar das violações com base no paradigma punitivo. Além disso, demonstraremos a ineficácia do paradigma vigente, que, ao lidar com a violência fazendo uso de mais violência, a reproduz, não atendendo à sua própria finalidade. Com base nessa compreensão, nesse capítulo também mostraremos a importância de haver espaços mais participativos que fortaleçam o senso de comunidade, de corresponsabilização e de pertencimento, considerando que todo ato de violência acaba diretamente impactando não apenas os envolvidos, mas toda a sociedade.

No segundo capítulo, abordaremos especificamente a justiça restaurativa, examinando as diferenças entre os paradigmas retributivo e restaurativo. Além disso, apresentaremos o movimento histórico-normativo da justiça restaurativa no mundo e no Brasil.

Na sequência, no terceiro capítulo, trataremos da socioeducação, trazendo uma abordagem histórica dos direitos da criança e do adolescente, com ênfase no sistema socioeducativo e nas aproximações com o paradigma restaurativo.

No quarto capítulo, analisaremos as contribuições do paradigma restaurativo na educação, relacionando-o à proposta da Organização das Nações Unidas (ONU) para a construção de uma educação pautada na cultura de paz e não violência.

Como forma de esclarecer a implementação do paradigma restaurativo, no quinto capítulo descreveremos três metodologias restaurativas: os círculos de construção de paz, as Conferências de Grupos Familiares e a mediação vítima-ofensor.

Além de apresentarmos modelos para a implementação da justiça restaurativa, mediante a discussão acerca da importância do processo de facilitação de procedimentos restaurativos, no sexto capítulo destacaremos as habilidades sociais e emocionais importantes de serem desenvolvidas pelo facilitador.

Por fim, considerando a relevância dos processos participativos na implementação da justiça restaurativa, envolvendo a comunidade e o fortalecimento das redes sociais, no sétimo e último capítulo apresentaremos noções acerca da formação de redes sociais e do desenvolvimento comunitário, indicando, no final, três experiências brasileiras de programas exitosos, de modo a demonstrar a importância da comunidade e da animação de redes sociais.

Esperamos que esta obra possa trazer novas lentes para tratar das violações e dos conflitos humanos, possibilitando compreender, por meio de um olhar sistêmico, a complexidade da interdependência das relações humanas na busca pela construção de uma racionalidade social alternativa que fortaleça a edificação de uma cultura de alteridade e não violência.

Como aproveitar ao máximo este livro

Empregamos nesta obra recursos que visam enriquecer seu aprendizado, facilitar a compreensão dos conteúdos e tornar a leitura mais dinâmica. Conheça a seguir cada uma dessas ferramentas e saiba como estão distribuídas no decorrer deste livro para bem aproveitá-las.

Conteúdos do capítulo

Logo na abertura do capítulo, relacionamos os conteúdos que nele serão abordados.

Após o estudo deste capítulo, você será capaz de:

Antes de iniciarmos nossa abordagem, listamos as habilidades trabalhadas no capítulo e os conhecimentos que você assimilará no decorrer do texto.

na biologia do amor" (Maturana; Dávila, 2015, p. 20, tradução nossa).

Desse modo, a biologia do amor reacende a dimensão do cuidado, fundamental para a construção de um ambiente seguro e de confiança. Nas palavras de Elliott (2018, p. 167), "programas de educação e Justiça Criminal que se propõem a melhor preparar as pessoas para uma cidadania responsável devem incluir a ética do cuidado, que só pode ser engendrada através dos relacionamentos".

Essa outra maneira de tecer conexões, mais solidária, cuidadosa, participativa e responsável, constitui um solo fértil para a inserção de novas formas de lidar com as violações – entre elas, a justiça restaurativa.

Síntese

Neste capítulo, mostramos que o conflito não é necessariamente ruim, considerando que, como parte da vida social, ele pode trazer contribuições para o crescimento e a transformação das pessoas. É a maneira como lidamos com os conflitos que pode acarretar aspectos produtivos, transformativos ou situações desconfortáveis.

Vimos que, quando lidamos com o conflito como algo negativo, tendemos a encontrar culpados para a dor e o desconforto que sentimos, o que não nos ajuda a assumir a responsabilidade e a construir soluções prospectivas por meio do diálogo e da possibilidade de obter novas perspectivas das relações conflituosas.

Além disso, destacamos que a maneira como lidamos com a violência, mediante a lógica da punição, contribui para a reprodução da violência. Também observamos que a lógica punitiva está inserida em nossa cultura e que o sistema penal muitas vezes acaba acirrando ainda mais o conflito e vinculando-o negativamente às pessoas, por meio de sentimentos de vingança.

Ademais, o sistema penal, da forma como se configurou, acabou afastando as pessoas do processo de resolução de conflitos, embotando a capacidade criativa de encontrar soluções que

Síntese

Ao final de cada capítulo, relacionamos as principais informações nele abordadas a fim de que você avalie as conclusões a que chegou, confirmando-as ou redefinindo-as.

O Projeto Justiça para o Século 21, que inicialmente envolvia adolescentes em conflito com a lei, possibilitou a criação de espaços de diálogo e a participação entre os envolvidos, com base em estratégias emancipatórias e de prevenção da violência.

Já o Projeto Justiça, Educação, Comunidade: Parcerias para a Cidadania, que teve início com uma colaboração entre os sistemas de justiça e educacional, foi ampliado e também passou a integrar toda a comunidade.

Para saber mais

FOLEY, G. F. (Org.). **Justiça comunitária**: uma experiência. 2. ed. Brasília: Ministério da Justiça; Tribunal de Justiça do Distrito Federal, 2008. Disponível em: <https://www.tjdft.jus.br/informacoes/cidadania/justica-comunitaria/publicacoes/arquivos/justica_comunitaria2ed.pdf>. Acesso em: 21 abr. 2020.

Esse material apresenta uma visão ampla e contextualizada do Programa Justiça Comunitária, considerando seus eixos de atuação e seu funcionamento.

MELO, E. R.; EDNIR, M.; YAZBEK, V. C. **Justiça restaurativa e comunitária em São Caetano do Sul**: aprendendo com os conflitos a respeitar direitos e promover cidadania. Brasília: Secretaria Especial de Direitos Humanos da Presidência da República, 2008. Disponível em: <http://www.tjsp.jus.br/Download/CoordenadoriaInfanciaJuventude/JusticaRestaurativa/SaoCaetanoSul/Publicacoes/jr_sao-caetano_090209_bx.pdf>. Acesso em: 18 set. 2019.

Nesse documento, você poderá conhecer mais sobre o programa de justiça restaurativa e comunitária desenvolvido em São Caetano do Sul, compreendendo melhor seus marcos teóricos e suas dimensões práticas.

Para saber mais

Sugerimos a leitura de diferentes conteúdos digitais e impressos para que você aprofunde sua aprendizagem e siga buscando conhecimento.

SLAKMON, C.; DE VITTO, R. C. P.; PINTO, R. S. G. (Org.).
Justiça restaurativa. Brasília: Ministério da Justiça; PNUD, 2005.

Essa obra, elaborada por vários autores, apresenta os aspectos históricos e conceituais da justiça restaurativa, além de descrever experiências desse movimento em diversos países.

Questões para revisão

1. Diferencie a justiça retributiva da justiça restaurativa.

2. Qual é o papel da vítima na justiça restaurativa?

3. Analise as sentenças a seguir e marque I para as que correspondem à percepção restaurativa e II para as que correspondem à percepção retributiva:

   ( ) A vítima e o ofensor são as partes do processo.
   ( ) As dimensões interpessoais são irrelevantes.
   ( ) O dano causado ao ofensor é importante.
   ( ) A natureza conflituosa do crime é reconhecida.
   ( ) O crime é definido pela violação da lei.
   ( ) O Estado é a vítima.

   Agora, assinale a alternativa que apresenta a sequência correta:

   a) I, II, I, I, II, II.
   b) II, II, I, II, II, II.
   c) II, I, II, I, II, II.
   d) I, I, II, II, II, II.

4. Em que país do Ocidente se registrou a primeira experiência de justiça restaurativa?

   a) França.
   b) Nova Zelândia.
   c) Canadá.
   d) Brasil.

Questões para revisão

Ao realizar estas atividades, você poderá rever os principais conceitos analisados. Ao final do livro, disponibilizamos as respostas às questões para a verificação de sua aprendizagem.

Questões para reflexão

Ao propormos estas questões, pretendemos estimular sua reflexão crítica sobre temas que ampliam a discussão dos conteúdos tratados no capítulo, contemplando ideias e experiências que podem ser compartilhadas com seus pares.

A seguir, assinale a alternativa que apresenta a resposta correta:

a) As assertivas I, II e III são verdadeiras.
b) As assertivas I e III são verdadeiras.
c) Apenas a assertiva I é verdadeira.
d) Apenas a assertiva III é verdadeira.

Questão para reflexão

1. Nesta atividade, sob a inspiração da agradável leitura da obra *Segurança e cuidado: justiça restaurativa e sociedades saudáveis*, da canadense Elizabeth Elliot (2018), propomos a você que reflita sobre a situação descrita a seguir e, depois, compartilhe suas considerações com seus colegas: você está indo para casa depois de um dia de trabalho, já ao anoitecer; ao descer do ônibus, depara-se com uma jovem mulher que está deitada no chão, sangrando, ao lado de uma criança desesperada. No mesmo instante, você olha para a frente e vê uma sombra desaparecendo por um beco. O que você faria? Qual seria sua primeira reação?

   Considerando essa hipótese, provavelmente a maioria das pessoas atenderia primeiramente às necessidades da vítima, a mulher ferida, podendo até mesmo chamar um serviço de socorro. Em seguida, a atenção se voltaria para a criança. Por último, talvez, o impulso seria perseguir o possível ofensor indo em direção ao beco por onde ele parece ter se esquivado.

   Essa lógica parece ser natural para as pessoas, pois faz parte da essência humana de cuidar, preservar. Porém, não é a lógica em que se insere o sistema de justiça criminal, conforme discutimos neste capítulo.

CAPÍTULO 1

Fundamentos da justiça restaurativa

Conteúdos do capítulo:

% Compreensão do conflito.
% A lógica da punição *versus* a lógica do cuidado.
% Formas de lidar com a violência.
% O sistema penal.
% A importância da coletividade.

Após o estudo deste capítulo, você será capaz de:

1. definir o conflito com base em seus múltiplos aspectos;
2. compreender a lógica punitiva do Estado ante as violações de normas;
3. distinguir o sistema punitivo do sistema restaurativo;
4. compreender o sistema penal e seu impacto na reprodução da violência.

Neste capítulo, apresentaremos os fundamentos e a contextualização da justiça restaurativa, partindo das concepções de crime, conflito e justiça. A compreensão do conflito, da violência e das formas como o Estado, a comunidade e as pessoas lidam com situações conflitivas e de violações nos ajuda a entender o que está posto em nossa sociedade, bem como o que fazemos e por que agimos de determinada maneira, além de nos motivar a pensar em outras maneiras de agir. Desse modo, a intenção é contribuir para reflexões que possam resultar em novas possibilidades e novos mecanismos de administração de conflitos. Abordaremos também como o sistema penal se configurou em seu contexto histórico distanciando-se do diálogo, em virtude da verticalização das relações e do embotamento da capacidade das pessoas de resolverem conflitos.

Assim, a provocação neste primeiro capítulo consiste, justamente, em pensar se atualmente o sistema penal consegue atender às demandas sociais que estão postas e atingir sua finalidade de pacificação social, já que ele atua de maneira retributiva, ou seja, tratando da violência com violência.

Por fim, apresentaremos a importância do papel da comunidade, do resgate da coletividade e do fortalecimento do senso de coletividade para a resolução de conflitos e o enfrentamento das situações de violência, tendo em vista que todos os seres humanos são afetados quando ocorre uma violação.

1.1 Conflito, crime e justiça

Ao abordarmos os fundamentos da justiça restaurativa, é importante questionarmos a forma como lidamos com os conflitos na atualidade, a fim de refletirmos com base em uma compreensão cultural e histórica. Sob essa ótica, podemos assumir que a compreensão do conflito não é simples, pois se trata de um conceito complexo que envolve aspectos emocionais, sociais, cognitivos e relacionais.

De toda forma, *conflito* pode ser definido "como um processo ou estado em que duas ou mais pessoas divergem em razão de metas, interesses ou objetivos individuais percebidos como mutuamente incompatíveis" (Azevedo, 2013, p. 39).

Os conflitos fazem parte da vida, são intrínsecos à própria condição humana e estão presentes em diversos contextos. Podem, também, ser compreendidos como processos intrapessoais que, por consequência, podem atingir uma dimensão interpessoal.

Todavia, apesar de nosso estudo contemplar os conflitos no âmbito das relações humanas, eles não se restringem ao ser humano, pois estão presentes na natureza, nas pequenas partículas estudadas pela física quântica e, até mesmo, no cosmos.

Assim, não há uma relação imune ao conflito. E ele não é bom ou ruim; o que difere é a maneira como se lida com ele. Um conflito pode gerar aprendizados ou ser nocivo a ponto de desencadear medos e sofrimentos profundos.

Nesse sentido, segundo Parkinson (2016, p. 32), o conflito "é uma força natural necessária ao crescimento e transformação das relações humanas. O que importa é a forma como ele é tratado, se bem-resolvido, por exemplo, o conflito não provoca mal algum, pois a energia produzida é canalizada construtivamente".

Os diferentes contextos, sejam eles familiares, sejam organizacionais, sejam educativos, enfrentam mudanças sociais e culturais que desvelam uma complexidade crescente, fazendo emergir conflitos entre pessoas, sistemas ou subsistemas de sistemas complexos.

Os conflitos emergentes podem ser vistos como um aspecto indesejável, o qual as organizações e as pessoas buscam prever e evitar. Contudo, também podem ser tomados como oportunidades de mudança, ou seja, como um desvelar de um padrão de funcionamento que já não serve mais, isto é, que precisa ser atualizado, modificado.

Muitos conflitos resultam de uma lógica que diz respeito a ganhar/perder, imersa na cultura de dominação presente em nossas sociedades. Essa lógica de competitividade não contribui para o aprofundamento e o aperfeiçoamento das relações humanas; pelo contrário, inserida em uma lógica binária (certo/errado, bom/ruim), adota meios disjuntivos e simplificadores da realidade, não possibilitando formas coparticipativas, integrativas e diversas de resolução de conflitos e maneiras funcionais de integrar o diverso.

Sob essa ótica, para Schnitman (1999, p. 18), os novos modelos de resolução de conflitos oferecem opções diversas no âmbito de uma lógica não litigante: "São práticas capazes de atravessar a diversidade dos contextos sociais; são estruturadas para capacitar as pessoas a aprenderem a aprender, permitindo-lhes um escrutínio tanto das diferenças como das convergências".

Nesse sentido, queremos propor uma reflexão, sem nenhum compromisso teórico-conceitual, mas com base em vivências pessoais: Como você explicaria para alguém o que é conflito?

Possivelmente, ao pensar sobre o conceito de conflito, considerando suas vivências pessoais, algumas recordações desagradáveis podem ter surgido em sua mente, sejam elas provenientes de conflitos interpessoais (das relações), sejam originárias de processos intrapessoais (de conteúdo cognitivo), pois os conflitos, muitas vezes, desencadeiam mudanças.

Nessa perspectiva, várias são as formas de compreendermos um conflito. Porém, de maneira geral, a conotação é negativa, em razão do desconforto emocional que sentimos quando estamos em uma situação conflitiva. Isso porque o conflito compreendido pelo seu aspecto cognitivo está relacionado às crenças pessoais, aos pensamentos e aos sentimentos que são produzidos acerca de algo, resultando em percepções particulares.

Logo, a maneira como percebemos algo tem correlação direta com os filtros pessoais que interferem na forma como enxergamos e sentimos

> Várias são as formas para compreendermos um conflito. Porém, de maneira geral, a conotação é negativa, em razão do desconforto emocional que sentimos quando estamos em uma situação conflitiva. Isso porque o conflito compreendido pelo seu aspecto cognitivo está relacionado às crenças pessoais, aos pensamentos e aos sentimentos que são produzidos acerca de algo, resultando em percepções particulares.

determinada realidade. Os filtros pessoais são construídos por meio da cultura, das vivências pessoais e do repertório emocional e social construído no decorrer da história de cada indivíduo. Desse modo, como comentamos, a percepção acerca do conflito, especialmente na cultura ocidental, é negativa, pelo fato de estar relacionado a algo que traz desconforto emocional e, portanto, precisa ser evitado. Essa percepção é agravada ainda mais quando é inserida na lógica da cultura hedonista, da busca pelo prazer imediato e da evitação de tudo o que é incômodo. Assim, ao pensarmos em um conflito específico, é muito provável que atribuamos a culpa a alguém ou a nós mesmos. No caso, uma das formas de lidarmos com situações difíceis é utilizar a culpa, no entanto, ela nos leva a um lugar pretérito de onde é difícil de sair ou que impossibilita soluções, pois a culpa não ajuda a assumir as responsabilidades que nos motivam a mudar uma situação ruim ou desconfortável. Pelo contrário, muitas vezes, ela nos paralisa ou estagna, pois esperamos que o outro mude ou tome alguma atitude que corrija determinado comportamento conflituoso.

Com esta reflexão introdutória acerca do conflito, nossa intenção é instaurar novas lentes para enxergar os conflitos que fazem parte de nosso dia a dia, considerando que um conflito, *per se*, pode ser positivo ou negativo, dependendo do contexto. Por exemplo, ele é construtivo quando o utilizamos como um espaço de oportunidade para melhorar alguns atributos pessoais, como o diálogo, a escuta e a cooperação, tornando as relações mais autênticas e qualificando traços pessoais.

Tais reflexões iniciais são importantes especialmente porque esta obra apresenta um novo paradigma para a resolução de conflitos: o **restaurativo**, que nos leva a pensar outras formas de perceber as violações interpessoais e de lidar com elas.

O paradigma restaurativo surge justamente da incapacidade de o sistema estatal tratar de conflitos e violações e fornecer a segurança e o bem-estar prometidos na início da modernidade[1]. Nessa perspectiva, o direito penal, subjacente às modernas teorias contratualistas, compreende o Estado como o principal ofendido quando ocorrem violações ou conflitos. Seja com a prática delituosa, seja com a quebra do contrato social, o Estado é o ente abstrato ao qual foi atribuída a tarefa de punir o infrator, tornando a vítima invisível e deixando de atender às necessidades dos envolvidos (vítima e ofensor) pela atuação persecutória e punitiva. Assim, está inserido na lógica da culpa, não motivando o processo de responsabilização.

Na esteira desse raciocínio, Pelizzoli (2014, p. 65), com base nos ensinamentos do filósofo Jiddu Krishnamurti, menciona que uma das formas de superar a "crise de degenerescência ética ocidental é retirar os véus da inconsciência e da mentalidade autocentrada que impede o indivíduo de inserir-se na socialidade, ou na alteridade, diríamos hoje, bem como perceber onde estão as raízes dos conflitos". Isso porque o Estado se apropriou dos conflitos, retirando a responsabilidade das pessoas envolvidas.

De acordo com Achutti (2014, p. 38, grifo do original), o sistema penal, do modo como foi construído, "substituiu a noção de *dano* pela de *infração*, sendo as vítimas relegadas a segundo plano, pois representavam um entrave às intenções política e confiscatória do processo inquisitório".

Assim, a lógica do processo penal acirra mais o conflito e vincula ainda mais as pessoas a um lugar em que não se vislumbra uma saída, especialmente pelo sentimento de raiva e pelo desejo de vingança e justiça.

Dessa maneira, a justiça retributiva, que está presente no direito penal atual, está imersa na lógica do poder punitivo, do desejo de

---

1 A concepção de modernidade aqui considerada se baseia em Boaventura de Sousa Santos (2006), concebendo-se a modernidade ocidental como um paradigma sociocultural iniciado no século XVI e consolidado entre os séculos XVIII e XIX, o qual envolve dois pilares que evidenciam uma tensão dialética: a regulação social e a emancipação social. Ademais, contempla a avaliação de Fritjof Capra (Capra; Mattei, 2018, p. 10) de "que a modernidade foi responsável pela orientação materialista e a mentalidade extrativista da Era Industrial".

vingança, da culpabilização. O desejo de vingança surge com frequência quando uma violação ocorre. Trata-se de uma resposta muito antiga da humanidade, que responde à ameaça ao valor da justiça, desde o poder punitivo do rei, que era sobre o corpo como forma de vingança, até a modernidade, com o poder punitivo do Estado.

Logo, da maneira como foi pensado e construído, o Estado tem outro desdobramento, ainda dentro da mesma lógica mediévica: o poder punitivo agora é sobre a alma, e não mais sobre o corpo. A alma simbólica de hoje, "diferentemente da alma representada pela teologia cristã, não nasce faltosa e merecedora de castigo, mas nasce antes de procedimentos de punição, de vigilância, de castigo e de coação" (Foucault, 1987, p. 31).

O famoso "olho por olho, dente por dente", do Código de Hamurabi, princípio de talião (1780 a.C.), é a lógica da vingança aplicada de maneira proporcional ao ato delituoso cometido.

Até os tempos atuais, a justiça retributiva permanece com a mesma mentalidade: a ideia de vingança, de corrigir comportamentos pela coerção, pela punição e pelo castigo. Entretanto, apenas um ente tem o direito de punir: o Estado. Logo, é ele quem detém o poder de punir, depois de encontrar o culpado. Assim, excluem-se do processo criminal os danos causados e as necessidades dos envolvidos, pois o Estado se volta apenas para a atribuição de culpa e punição do culpado.

Contudo, a punição contribui, muitas vezes, para um agravamento da situação da vítima e também do ofensor, sem fazer surtir o efeito esperado, de pacificação social e correção de comportamento desviante em relação à norma. Assim, a vítima se torna insignificante, sem ser reparada pelo dano causado, já que o Estado a substitui, e o ofensor fica cada vez mais excluído do sistema.

Isso ocorre porque, segundo Zehr (2008, p. 171), o crime "representa um relacionamento dilacerado entre vítima e ofensor. Mesmo que eles tenham um relacionamento prévio, o delito cria um vínculo, que em geral é hostil. Se não resolvido, esse relacionamento hostil afetará, por sua vez, o bem-estar da vítima e do ofensor".

Nesse contexto, concebemos como crime algumas das violações que ocorrem em nosso atual sistema porque elas foram definidas dessa forma. Porém, de modo geral, "o crime é essencialmente uma violação: uma violação do ser, uma dessacralização daquilo que somos, daquilo em que acreditamos, de nosso espaço privado" (Zehr, 2008, p. 24).

O crime rompe com a noção íntima que temos do mundo como um lugar seguro, ordenado e dotado de significado. Ele afeta também a crença na autonomia pessoal. A segurança, a ordem e a autonomia são, pois, afetadas quando ocorre a vivência de um crime. Nas palavras de Zehr (2008, p. 24), "O crime, como um câncer, rompe com o sentido de ordem e significado".

Nesse sentido, em nossa sociedade, o crime acaba tomando uma dimensão muito maior que a vida, e é justamente essa dimensão que entregamos ao Estado, para que ele, de alguma forma, resolva a situação, retirando totalmente nossa responsabilidade pelo evento.

Sob essa ótica, as prisões, por exemplo, foram construídas para atender às necessidades de proteção das vítimas e, também, para atuar na reeducação do ofensor. Elas surgiram como alternativa ao modelo anterior de castigos corporais e penas de morte, mas acabaram se transformando em espaços de dor e sofrimento humano, não atendendo às finalidades de proteção educativa.

O encarceramento, que deveria ser exceção, acabou se tornando uma resposta considerada normal ao crime, especialmente nas sociedades ocidentais atuais, nas quais a privação da liberdade imposta pela prisão é o primeiro, e não o último, recurso usado em face dos crimes.

A ideia é que, na prisão, um ambiente hostil, sem afeto e cuidado, o "criminoso" possa aprender a ter um comportamento não violento. Então, a pessoa que comete uma violação, um delito, transforma-se em uma criminosa e passa a ser rotulada por tal conduta. Por conseguinte, aquele que foi violado, isto é, que sofreu o dano, não tem suas necessidades atendidas pelo sistema de justiça e acaba também sendo estereotipado como vítima.

> O crime rompe com a noção íntima que temos do mundo como um lugar seguro, ordenado e dotado de significado. Ele afeta também a crença na autonomia pessoal. A segurança, a ordem e a autonomia são, pois, afetadas quando ocorre a vivência de um crime.

Nesse aspecto, Zehr (2008, p. 57) esclarece que "os eventos se tornaram um crime, e o crime foi descrito e tratado em termos simbólicos e jurídicos estranhos às pessoas envolvidas. Todo o processo foi mistificado e mitificado, tornando-se assim uma ferramenta útil a serviço da mídia e do processo político". Além de esse projeto moderno não atender aos seus propósitos, sua lógica permeia uma rede de conversações violentas, que é retroalimentada por pensamentos e ações que fortalecem a cultura do medo, da dependência, do patriarcado, da dominação, da fragmentação, enfim, do triunfo do individualismo sobre o coletivo.

1.2 Violações humanas: razão e essência

No sistema de justiça, volta-se a atenção primeiramente ao ofensor, porém trata-se de uma atenção persecutória. E, mesmo atingindo o objetivo, que é capturar o ofensor, todo o sistema criminal continua se voltando para ele com a mera finalidade de puni-lo, ao passo que a vítima ocupa um lugar de total invisibilidade. A pessoa que sofre o dano – a vítima – sai dessa invisibilidade apenas quando pode atuar como testemunha, ou seja, como um instrumento do processo penal, com o único propósito de produzir provas que embasem a finalidade maior: punir o ofensor. Dessa forma, o sistema esquece totalmente de reparar o dano que foi causado à vítima e, por consequência, a toda a comunidade, pois entende que a punição já é a forma de o Estado ser reparado. Isso acontece porque o Estado usurpa o papel da vítima por meio do confisco do conflito, isto é, ele se torna o principal afetado pelas condutas delituosas, e não mais aquele que sofreu o dano. Essa lógica começou a ser inserida nas sociedades a partir do século XIII, quando houve uma mudança de mentalidade no que diz respeito à criminalidade. Até então, esta era tratada por um caráter mais consuetudinário, por meio do diálogo, com base em modelos que iam desde a reparação do dano até a expulsão do ofensor da comunidade, mas nos quais a vítima era protagonista do processo de resolução do conflito e reparação do dano.

Essa mudança trouxe consigo novos atores sociais, muitos dos quais se escondem por trás da figura abstrata do Estado – até mesmo manifestando-se em nome dele. O que mudou substancialmente foi a exclusão da própria vítima, ou seja, de quem sofreu o dano, sendo-lhe retirado o envolvimento direto no fenômeno social concreto.

Isso se deu dessa forma porque o poder estatal foi incumbido de representar os interesses da vítima, criando uma nova forma de produzir a verdade, o que acarretou um distanciamento do diálogo entre vítima e ofensor. De forma geral, tal distanciamento da possibilidade de dialogar resultou no embotamento das pessoas, da capacidade de resolver conflitos, de pensar em soluções para os problemas comuns, desconectando os seres humanos e enfraquecendo ainda mais o senso de coletividade e interdependência.

A lógica que se estabelece quando o Estado passa a atuar como principal afetado é a do inquérito, do sistema acusatório. Nessa perspectiva, a solução acaba ficando restrita a um único modelo.

Desse modo, apesar de não podermos confundir *direito penal* com *legislação penal* (o último ato do poder político), tampouco com *poder punitivo*, o direito penal acabou se limitando a uma forma de coação estatal, segundo Zaffaroni et al. (2011), perdendo sua função ontológica.

O conceito de *pena* ficou atrelado à ideia de castigo ou de privação, que foi imposta com base em uma lei positiva àquele considerado culpado de infringir a norma.

A esse respeito, afirma Elliott (2018, p. 131) que "o desejo coletivo de punir, é claro, precede a habilidade criminal da lei de punir". O desejo de punir é muito presente nas sociedades ocidentais, "apesar das evidências científicas que demonstram a ineficácia da punição para mudar o comportamento do ofensor" (Elliott, 2018, p. 131).

Já nas palavras de Giamberardino (2015, p. 51), "o conceito de pena parece se confundir com o de pena retributiva", pois se trata de uma resposta "oficial", com o propósito de retribuir ou reprovar um ato cometido. Para Zaffaroni e Pierangeli (2009), a ideia de pena como um conceito jurídico que se assemelha à guerra, no que diz respeito aos seus fundamentos, não é nova. É como querer mais do mesmo com resultados diferentes.

E não se trata aqui de rechaçar ou desqualificar o sistema penal e processual penal que está posto, mas apenas refletir sobre ele, mesmo porque tal sistema é uma construção humana, criado com base em uma lógica entre seus meios e sua finalidade.

O sistema penal é fruto de um processo histórico elaborado para atender às demandas de determinado contexto. Mas será que, atualmente, considerando-se as mudanças ocorridas nos últimos três séculos, o sistema penal consegue afirmar sua função na realidade social concreta? Por que não pensar em outros meios de tratar os conflitos? Para que haja mudanças em prol de uma sociedade mais pacífica e segura, o sofrimento do criminoso é realmente necessário?

Tais questões são importantes para pensarmos sobre o atual sistema. Evidentemente, há a necessidade de promover a segurança e precaver violações, buscando-se construir uma sociedade mais pacífica. No entanto, é necessário, também, considerar outras formas mais efetivas de atender a essas necessidades.

Sob essa ótica e tendo em vista que, de acordo com Zehr (2008), o crime é percebido como uma violação ou sacralização do ser, ele atinge dois pressupostos: o primeiro diz respeito à ideia de que o mundo é um lugar organizado, dotado de significados; o segundo se refere à crença na autonomia pessoal.

Quando se percebe o crime como uma violação, entende-se que ele rompe com o sentido de ordem e significado. Para tanto, as vítimas de crimes buscam criar explicações no sentido de restaurar a ordem e o significado em sua vida. Então, como seria a melhor forma de lidar com as violações que ocorrem? Violando também aquele que violou outrem?

O modo de lidar com as violações acaba produzindo ainda mais violência. Considerando isso, Elliott (2018, p. 93) esclarece que "a maior parte do que se escreve sobre justiça criminal está baseada na justiça como uma ideia autoexplicativa e a punição como um mal necessário".

Na Antiguidade, por exemplo, a ideia de justiça era a de restauração de um equilíbrio após um fato que havia quebrado a homeostase social e desconectado os ideais de confiança e segurança. A ideia de justiça como vingança surgiu posteriormente. Em tempos antigos, nos quais a observação era frequentemente utilizada, havia uma lógica mais contemplativa da vida, mais próxima da lógica dos sistemas vivos, do processo autopoiético da vida. Assim, as formas de reparar um dano levavam em consideração o restabelecimento do equilíbrio ou a criação de um novo equilíbrio.

Ao observamos nosso atual sistema, percebemos que a violência prevalece sobre o cuidado, o que resulta de uma cultura também violenta de dominação, exclusão e guerras.

Ao que parece, de modo geral, ao tratarmos da violência com base na cultura em que estamos inseridos, sem observação e reflexão, estamos apenas retroalimentando-a, contribuindo para gerar ainda mais violência. Isso porque, ao abordarmos a violência com mais violência, obteremos resultados que também expressam violência. Não há como ser diferente.

O problema consiste na narrativa resultante da cultura da violência, que, embora inconsciente, é validada e alimentada. Observamos esse fato em discursos de justificação do uso da violência, os quais enfatizam, justamente, a intenção de atingir como resultado a não violência. Essa lógica, todavia, é um tanto quanto irracional. Nesse sentido, ao tratarmos da violência com violência, o resultado obtido é mais violência, e não o contrário. Como destaca Muller (2007, p. 202), "responder à violência pela violência significa submeter-se à lógica da violência e reforçar sua ascendência sobre a realidade".

> Ao tratarmos da violência com base na cultura em que estamos inseridos, sem observação e reflexão, estamos apenas retroalimentando-a, contribuindo para gerar ainda mais violência. Isso porque, ao abordarmos a violência com mais violência, obteremos resultados que também expressam violência. Não há como ser diferente.

Logo, ao usarmos a vingança, a punição e a culpabilização contra aquele que comete violência, estamos também sendo violentos, talvez de maneira inconsciente ou pelo fato de não conhecermos outra forma de lidar com as violações. Ao excluirmos a vítima e a comunidade dos processos infracionais, conferindo apenas ao Estado o poder de resposta, estamos nos desconectando de uma cultura mais orgânica, solidária e sistêmica, delegando e alimentando um modo de **poder sobre o outro**, em vez do **poder com o outro**, para resolver os conflitos. Nessa perspectiva, retroalimentamos a cultura do patriarcado (dominação) e da desconexão.

1.3 O resgate da coletividade

As formas de lidar com as violações estão relacionadas à nossa cultura, àquilo que validamos e retroalimentamos socialmente.

A mentalidade jurídica que se formou na modernidade, sob a influência das ideias iluministas, validou o entendimento de que um ente abstrato (o Estado) tem melhores condições de resolver os conflitos das pessoas, por ter base na lei, que representa o ápice da racionalidade jurídica e que foi elaborada para ordenar o social.

Entretanto, parece ser razoável que o direito deva estar no interior da história que os homens "teceram com sua inteligência e seus sentimentos, com seus idealismos e seus interesses, com seus amores e seus ódios" (Grossi, 2006, p. 8). Mas o direito atual passou a ocupar uma dimensão muito distante da população, sob o risco de promover uma possível separação entre o direito e a sociedade.

Para Grossi (2006), esse distanciamento é resultado de uma redução moderna do direito à condição de aparato do Estado, que transforma o direito, até então diverso e complexo, com base em várias fontes jurídicas, em um pesado monismo jurídico que se perpetuará por toda a modernidade.

Assim, a codificação do direito, sob forte influência da racionalidade moderna, representou a redução de sua diversidade a um monismo exclusivamente estatal, ou seja, o ordenamento oficial da dimensão social é restrito ao Estado. Sob essa perspectiva, o movimento da justiça restaurativa, que teve início em meados do século XX, demonstra a inevitabilidade do resgate da humanidade no direito para o alcance de uma justiça mais próxima da essência humana.

Conforme destaca Grossi (2006), o direito se originou com o homem e para o homem, sendo uma dimensão intersubjetiva, marcada pelo aspecto relacional do ser humano, com o poder de transformar em social a experiência do sujeito singular. Dessa forma, o verdadeiro direito ocorre onde há relações entre homens, pois ele é vocacionado a ordenar a história humana.

> A codificação do direito, sob forte influência da racionalidade moderna, representou a redução de sua diversidade a um monismo exclusivamente estatal, ou seja, o ordenamento oficial da dimensão social é restrito ao Estado.

Nesse sentido, levando-se em consideração a complexidade das relações humanas, não há como buscar respostas para os conflitos relacionais e sociais partindo-se apenas de uma base positivista, legalista. É necessária uma nova mentalidade, uma nova gramática social que contemple a complexidade das relações, suas partes e seu todo, em que os paradoxos sejam considerados.

A justiça restaurativa busca não só envolver aqueles que foram diretamente afetados por um crime, por uma violação, mas também contemplar a sociedade e a comunidade, compreendendo que ela também é afetada e que sua participação é importante, tendo em vista a interdependência existente.

O grande desafio é promover o diálogo entre diferentes interesses e necessidades, buscando-se atendê-los no sentido de ordenar o social por meio de uma visão integrada e sistêmica, fazendo emergir processos de auto-organização, auto-ordenamento e autopoiese, de modo a construir novas formas de ordenar a dinamicidade das relações humanas.

Dessa maneira, o desenvolvimento de um pensamento complexo, como propõe Edgar Morin (2006), torna-se importante para o alcance do paradigma restaurativo, pois não há mudança de paradigma sem alteração na forma. Logo, faz-se necessário ultrapassar o pensamento linear, reducionista, recheado de antagonismos e dualismos, e promover um pensamento que contemple a diversidade, os aspectos micro e macro, bem como a relação entre eles. Assim, contribuir para o ordenamento mais orgânico e generativo do social significa respeitar e acolher a complexidade social existente e, ainda, em uma dimensão objetiva, produzir um resultado benéfico a todos os indivíduos de uma comunidade. Sob essa ótica, o ordenamento está relacionado ao significado de "superação de posições singulares em seus isolamentos para obter o resultado substancial de ordem, substancial para a própria vida da comunidade" (Grossi, 2006, p. 13).

Se o direito for reduzido apenas a um aparato de normas e sanções – considerado por Grossi (2003) como um universo pobre do direito –, afastado da dinamicidade social, repleta de tensões e diversidades, corre-se um grande risco de o direito flutuar sobre a sociedade ou até, perversamente, forçá-la e condená-la em seus desenvolvimentos vitais, direcionando-a ao caminho contrário da vida social.

A esse respeito, observa Elliott (2018, p. 172):

> se não participarmos dos processos que afetam nossas vidas, terminaremos como uma sociedade padrão. A participação significativa exigida pela JR [Justiça Restaurativa] nos oferece a oportunidade de articular nossas necessidades em contextos fundados na escuta e na afirmação, e a de agir coletivamente para remediar as condições sociais que geram tais necessidades.

O resgate do direito, na sua essência, é fundamental para a implementação de outra forma de lidar com as violações e os conflitos de maneira mais restaurativa e generativa, pois o direito não pode descambar do alto nem se impor de forma coativa. Ao contrário, ele é "quase uma pretensão que vem de baixo, é a salvação de uma comunidade que somente com o direito e no direito, somente transformando-se num ordenamento jurídico, pode vencer o seu jogo na história" (Grossi, 2006, p. 13).

Mais recentemente, com a redescoberta da complexidade e de sua devida importância para o universo jurídico, tornou-se necessário também redescobrir "a dimensão coletiva, ou seja, de microcoletividade, pesadamente sacrificada pelo projeto individualista" (Grossi, 2003, p. 65, tradução nossa).

Na esteira desse raciocínio, o sociólogo Boaventura de Sousa Santos (2002) esclarece que o princípio da comunidade ficou inacabado na modernidade. Isso porque se adotou o domínio da regulação sobre o da emancipação, especialmente em razão da presença totalizante do Estado em uma dimensão de controle, no qual o direito foi reduzido à condição de aparato do Estado.

Nesse sentido, foi justamente na modernidade, conforme destaca Santos (2002), com o domínio da regulação sobre a emancipação, que algumas representações acabaram ficando inacabadas e abertas, entre elas o princípio da comunidade e da racionalidade estético-expressiva, que foi esmagada pela racionalidade instrumental. Nas palavras de Massa (2009, p. 43), "essas representações ficaram inacabadas pela presença totalizante do Estado e do mercado, que acabou por absorvê-las".

No caminho da redescoberta das dimensões coletivas e microcoletivas do social, algumas propostas para aproximar e reconceber o direito como parte da dinâmica social têm sido delineadas. Entre elas está o próprio movimento da justiça restaurativa, que, por meio de um processo mais participativo e horizontal, promove uma forma de se fazer justiça mediante um direito mais próximo das diversas realidades sociais até então sufocadas.

De acordo com Santos (2002), as duas dimensões da virtualidade epistemológica do princípio da comunidade – isto é, da dimensão coletiva do social – são a solidariedade e a participação, presentes no paradigma restaurativo.

Putnam (2007) também ressalta essa negligência com o princípio da comunidade, distinguindo a comunidade tradicional da sociedade moderna: enquanto a primeira era baseada em um senso universal de solidariedade, na sociedade moderna e racionalista predomina o egoísmo. Com o passar dos anos, comunidades foram se tornando sociedades, e a coletividade foi se transformando em individualismo.

Conforme expõem Massa e Pereira (2011, p. 771), a solidariedade e a participação são elementos fundamentais para a retomada da coletividade, de uma visão mais integrativa que "possa contribuir com a construção de novos paradigmas ou de uma nova gramática social sustentável".

Ainda, os autores defendem que "A emergência atual de um novo paradigma é evidente, especialmente, na dimensão social, haja vista a crise das ciências sociais e o aprofundamento das desigualdades socioeconômicas, também denominadas por Sachs como crescimento socialmente perverso" (Massa; Pereira, 2011, p. 771), que acaba por reproduzir a violência.

Assim, para uma mudança paradigmática, faz-se necessário propor uma nova forma de pensar e criar significados. Nesse sentido, o que emerge do ato de pensar com base em uma lógica mais participativa e ética, que abarque a diversidade e a diferença, deve romper aos poucos com a cultura do patriarcado e da dominação, na intenção de promover uma cultura da solidariedade.

Cabe observar que, para que seja possível erigir uma cultura de solidariedade e participação, "é necessário certo grau de coesão social, de pessoas que partilham características comuns" (Massa; Pereira, 2011, p. 771). Ou seja, é preciso criar espaços de diálogo para construir uma unidade comum – comunidade.

Sob essa ótica, devemos pensar em formas mais orgânicas e sistêmicas de nos relacionarmos e resolvermos conflitos, mediante arranjos de conexões denominados *padrões de rede*, em que os componentes interagem e se transformam, criando modelos de regulação. Tais arranjos podem ser entendidos como um metabolismo comunitário, isto é, aquilo que promove regulação ou autorregulação.

Nesse contexto, é importante considerar o papel da comunidade, mesmo em seu significado abstrato, simbólico. A comunidade, sim, também pode ser vista ou sentida como vítima, diferentemente do Estado, porque o crime é uma transgressão ao que se contratou em comunidade. O crime causa impacto e dano à comunidade.

E a lógica atual não traz consigo o senso de inclusão, tampouco de comunidade, contribuindo para a prevalência do individualismo, com a desconexão entre as pessoas, e produzindo, por conseguinte, a violência.

Esse senso inclusão e interdependência pode ser compreendido pela expressão africana *ubuntu*. Proveniente da região sul da África, a filosofia humanista *ubuntu* contempla elementos empáticos e apregoa a interconexão entre os seres humanos. "Na ética do Ubuntu, [...] ficamos diminuídos quando outros são humilhados ou diminuídos" (Krznaric, 2015, p. 22).

Em situações de violação, além da participação da vítima e do ofensor, a comunidade também pode ajudar a diluir o conflito, trazendo em sua contribuição sua representação para os envolvidos. Essa representação pode ser até mesmo uma consideração simbólica, mas possibilitar o processo (re)integrativo de senso de pertencimento. Isso se torna possível quando o olhar restaurativo é inserido.

Nessa perspectiva, a lógica imersa na justiça restaurativa encerra justamente princípios que fortalecem a responsabilidade compartilhada, resgatando a tendência espontânea de colaboração entre os seres humanos, refreada pelos sistemas de hierarquização que se materializam por uma atitude de heteronomia diante do poder e da separação entre inferiores e superiores – característica de uma cultura patriarcal.

> É importante considerar o papel da comunidade, mesmo em seu significado abstrato, simbólico. A comunidade, sim, também pode ser vista ou sentida como vítima, diferentemente do Estado, porque o crime é uma transgressão ao que se contratou em comunidade.

Na qualidade de rede particular de conversações, a cultura patriarcal ocidental à qual pertencemos se caracteriza pelas coordenações peculiares de ações e emoções que constituem nossa convivência cotidiana de valorização da guerra e da luta, de aceitação das hierarquias, da autoridade e do poder, de valorização do crescimento e da procriação e de justificação racional do controle do outro por meio da apropriação da verdade (Maturana, 2007).

Uma das formas de romper com a rede de conversações patriarcais da dominação é por meio da biologia do amor, a qual, segundo o biólogo Humberto Maturana, exige paixão e razão, especialmente para evitar que se caia na armadilha do controle e do poder, típica do patriarcado (Maturana; Dávila, 2015).

Nas palavras de Maturana, "nós, seres humanos, dependemos do amor e adoecemos quando ele nos é negado em qualquer momento da vida" (Maturana; Dávila, 2015, p. 17, tradução nossa). Isso não exclui da dimensão humana o ódio, a raiva, a competição e o egoísmo, que também fazem parte da rede de conversações humanas, mas tais aspectos não originaram os seres humanos, porque são ações e emoções que separam, desintegram e adoecem, em virtude da perda do amor e da coletividade.

Por isso, Maturana nos convida a estabelecer uma nova teia de conversações, que resulte em uma cultura da parceria, solidária, em "um conviver centrado na dignidade do respeito pelo outro e por si mesmo, na colaboração, na harmonização estética com o mundo natural a que se respeita e não explora" (Maturana; Dávila, 2015, p. 20, tradução nossa). E ainda, ao mencionar a coconstrução de uma cultura solidária, o autor nos convida a um "ato responsável que é viver a transformação do patriarcado a partir do fundamento humano na biologia do amor" (Maturana; Dávila, 2015, p. 20, tradução nossa).

Desse modo, a biologia do amor reacende a dimensão do cuidado, fundamental para a construção de um ambiente seguro e de confiança. Nas palavras de Elliott (2018, p. 167), "programas de educação e Justiça Criminal que se propõem a melhor preparar as pessoas para uma cidadania responsável devem incluir a ética do cuidado, que só pode ser engendrada através dos relacionamentos".

Essa outra maneira de tecer conexões, mais solidária, cuidadosa, participativa e responsável, constitui um solo fértil para a inserção de novas formas de lidar com as violações – entre elas, a justiça restaurativa.

Síntese

Neste capítulo, mostramos que o conflito não é necessariamente ruim, considerando que, como parte da vida social, ele pode trazer contribuições para o crescimento e a transformação das pessoas. É a maneira como lidamos com os conflitos que pode acarretar aspectos produtivos, transformativos ou situações desconfortáveis. Vimos que, quando lidamos com o conflito como algo negativo, tendemos a encontrar culpados para a dor e o desconforto que sentimos, o que não nos ajuda a assumir a responsabilidade e a construir soluções prospectivas por meio do diálogo e da possibilidade de obter novas perspectivas das relações conflituosas.

Além disso, destacamos que a maneira como lidamos com a violência, mediante a lógica da punição, contribui para a reprodução da violência. Também observamos que a lógica punitiva está inserida em nossa cultura e que o sistema penal muitas vezes acaba acirrando ainda mais o conflito e vinculando-o negativamente às pessoas, por meio de sentimentos de vingança.

Ademais, o sistema penal, da forma como se configurou, acabou afastando as pessoas do processo de resolução de conflitos, embotando a capacidade criativa de encontrar soluções que possam reparar o dano. Nesse sentido, vislumbramos que outras formas de lidar com as violações, envolvendo vítima, ofensor e comunidade, podem trazer resultados benéficos para todos os envolvidos, além de garantir um senso de pertencimento e de responsabilização.

Dessa forma, buscamos demonstrar que a dimensão coletiva, inacabada na modernidade, é importante porque possibilita a inclusão e a interdependência, auxiliando na dissolução dos conflitos e fortalecendo a responsabilidade compartilhada e a tendência espontânea de colaborar, o que contribui para a edificação de sociedades mais cuidadosas e solidárias.

Para saber mais

ZEHR, H. **Trocando as lentes**: um novo foco sobre o crime e a justiça. Justiça restaurativa. Tradução de Tônia Van Acker. São Paulo: Palas Athena, 2008.

Com a leitura dessa obra, você poderá compreender melhor a lógica restaurativa, analisando o crime e as violações a partir de novas lentes.

Questões para revisão

1. Cite uma situação em que se aplique a seguinte frase de Jean-Marie Muller (2007, p. 81): "responder à violência pela violência significa submeter-se à lógica da violência e reforçar sua ascendência sobre a realidade".

2. Com base nas concepções estudadas neste capítulo, explique o que é crime.

3. Com base no que apresentamos neste capítulo sobre o conceito de conflito, assinale a alternativa correta:

   a) Não é algo natural ou normal, pois as pessoas nasceram para serem felizes e viverem bem, mas acabam criando problemas.
   b) Trata-se de uma força natural que impulsiona o crescimento e a transformação das relações humanas.
   c) O conflito ocorre quando as pessoas divergem, isto é, quando uma está certa e a outra, errada.
   d) No Ocidente, a cultura do conflito tem uma conotação positiva.

4. Com relação à justiça penal, assinale a alternativa correta:

   a) A justiça como meio de vingança e punição para uma violação sempre existiu, desde a Antiguidade.
   b) No sistema de justiça, sempre se volta a atenção primeiramente para a vítima, depois para o ofensor.

c) A reparação do dano à vítima e a promoção de seu bem-estar são prioridades para a justiça.
d) No sistema atual, ainda prevalece a violência em vez do cuidado.

5. Avalie as assertivas a seguir:

I) *Ubuntu* é uma expressão africana, oriunda de uma filosofia humanista, que faz referência à noção de interdependência, interconexão.
II) O crime causa impacto apenas ao Estado, sendo que a comunidade fica isenta de suas consequências.
III) A cultura patriarcal ocidental da qual fazemos parte valoriza a guerra, a competição e a diferenciação entre as pessoas pela hierarquia, bem como o controle sobre o outro.

A seguir, assinale a alternativa que apresenta a resposta correta:

a) As assertivas I, II e III são verdadeiras.
b) As assertivas I e III são verdadeiras.
c) Apenas a assertiva I é verdadeira.
d) Apenas a assertiva III é verdadeira.

Questão para reflexão

1. Nesta atividade, sob a inspiração da agradável leitura da obra *Segurança e cuidado: justiça restaurativa e sociedades saudáveis*, da canadense Elizabeth Elliot (2018), propomos a você que reflita sobre a situação descrita a seguir e, depois, compartilhe suas considerações com seus colegas: você está indo para casa depois de um dia de trabalho, já ao anoitecer; ao descer do ônibus, depara-se com uma jovem mulher que está deitada no chão, sangrando, ao lado de uma criança desesperada. No mesmo instante, você olha para a frente e vê uma sombra desaparecendo por um beco. O que você faria? Qual seria sua primeira reação?

Considerando essa hipótese, provavelmente a maioria das pessoas atenderia primeiramente às necessidades da vítima, a mulher ferida, podendo até mesmo chamar um serviço de socorro. Em seguida, a atenção se voltaria para a criança. Por último, talvez, o impulso seria perseguir o possível ofensor indo em direção ao beco por onde ele parece ter se esquivado.

Essa lógica parece ser natural para as pessoas, pois faz parte da essência humana de cuidar, preservar. Porém, não é a lógica em que se insere o sistema de justiça criminal, conforme discutimos neste capítulo.

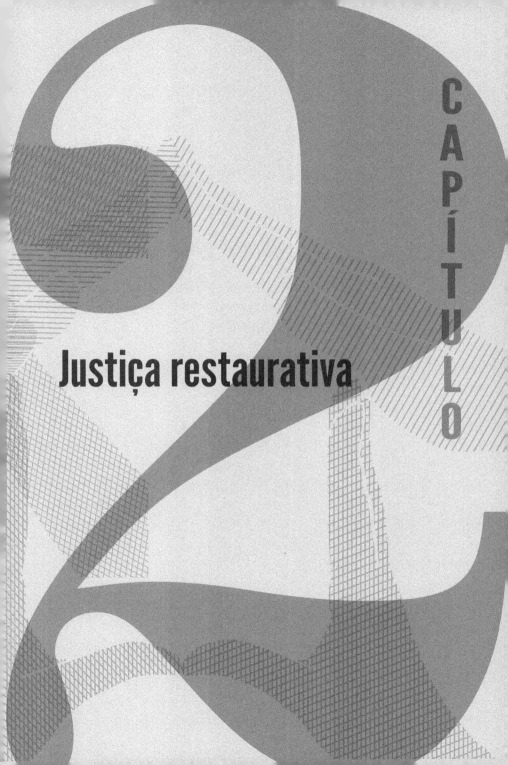

CAPÍTULO 2

Justiça restaurativa

Conteúdos do capítulo:

- Justiça restaurativa e justiça retributiva.
- Contexto histórico-normativo da justiça restaurativa.
- Movimento da justiça restaurativa.

Após o estudo deste capítulo, você será capaz de:

1. diferenciar justiça restaurativa de justiça retributiva;
2. entender a justiça restaurativa como um novo paradigma;
3. compreender o contexto e a construção de um modelo de justiça com foco restaurativo.

Neste capítulo, abordaremos concepções acerca da justiça restaurativa, diferenciando-a do paradigma vigente, que encerra uma perspectiva retributiva em sua forma de trabalhar com as violações ou com a quebra de normas. Os modelos restaurativos ou retributivos são formas culturalmente criadas para lidar com as violações e estão associados a perspectivas sociais ou pessoais. Por sua vez, tais perspectivas fazem parte de um paradigma que contempla uma dimensão muito maior, fundada em conceitos, valores, percepções e práticas compartilhadas por um grupo ou comunidade. Muitas vezes, um determinado paradigma passa a não atender mais a uma certa demanda ou anseio social, dando origem a um movimento direcionado à construção de um novo paradigma. Neste capítulo, mostraremos que foi exatamente isso que ocorreu com relação à justiça, especialmente ao tratar de crimes e violações. A forma de fazer justiça em uma perspectiva retributiva, carregada da lógica da vingança e da punição, revelou-se incapaz de atender às necessidades da vítima e do ofensor e de coibir o crime. Veremos que, diante desse contexto de insatisfação com o modelo vigente, emergiu um novo movimento para a construção de um outro modo de fazer justiça: a justiça restaurativa. Também discutiremos como o fortalecimento desse movimento, que teve início com algumas experiências práticas, formou a base para a construção de um novo modelo teórico e normativo.

2.1 Concepções da justiça restaurativa

Em uma perspectiva restaurativa, o modo de fazer justiça consiste em dar uma resposta às infrações e a suas consequências mediante a participação de todos os envolvidos, direta e indiretamente, sendo que o foco reside na construção conjunta de maneiras de abordar o dano causado.

Nesse sentido, as chamadas *práticas de justiça restaurativa*, cujo propósito é a restauração das relações humanas pela identificação dos males infligidos para a reparação dos danos, acabam construindo um espaço propício para a edificação de relações mais solidárias e responsáveis, o que contribui positivamente para a transformação dos conflitos.

Inicialmente, para uma compreensão mais ampla do paradigma restaurativo, é importante fazermos a diferenciação entre a justiça restaurativa e a justiça retributiva. Tal diferenciação não exclui a possibilidade de os dois modelos coexistirem; apenas exprime que se trata de diferentes modelos paradigmáticos de lidar com conflitos e violações interpessoais.

A justiça retributiva, ainda predominante em nossa sociedade ocidental, está atrelada às formas de justiça imersas na lógica do poder punitivo, do desejo de vingança, da culpabilização, da intenção de causar dor àquele que causou dor. E esse desejo de vingança, alimentado de geração em geração desde muito tempo, surge com frequência quando uma violação ocorre.

Nessa perspectiva, o Estado, que detém o monopólio de agir quando da ocorrência de conflito ou violação, apesar de ter seu desdobramento pautado na lei, atua conforme a antiga lógica punitiva. Porém, essa atuação não se dá mais com base na crença de que a punição deve ocorrer pela tortura do corpo, para a correção do comportamento (lógica mediévica); o poder punitivo, pelo contrário, passa a ocorrer sobre a alma, substituindo-se a dor carnal pelo aprisionamento, a fim de buscar a redenção pelas faculdades psíquicas (Foucault, 1987).

Essa lógica punitiva alimentada por várias gerações é muito antiga, anterior até mesmo ao já citado Código de Hamurabi, baseado no princípio de talião (1780 a.C.), que incita a lógica da vingança aplicada de maneira proporcional ao ato delituoso cometido. Esse princípio já carrega consigo a nuance da proporcionalidade na vingança.

A atual ideia de como fazer justiça tem o seguinte fundamento, que nos vincula aos povos antigos: a retribuição do mal pelo mal com base na ideia de vingança, da correção dos comportamentos pela coerção, pela punição e pelo castigo. A diferença que se observa atualmente é o fato de que apenas um ente tem o poder de punir: o Estado, como comentamos no capítulo anterior.

Sob essa ótica, nas palavras de Zehr (2008, p. 72), "culpa e punição são os fulcros gêmeos do sistema judicial. As pessoas devem sofrer por causa do sofrimento que provocaram. Somente pela dor terão sido acertadas as contas".

Dessa forma, na justiça retributiva, especialmente na concepção de justiça ocidental, as necessidades da vítima e do ofensor são negligenciadas, pois estão inseridas na lógica da justiça vingativa, que retribui uma violação com violência, com o único propósito de encontrar o culpado e puni-lo pelo dano causado. Essa concepção ignora aquele que sofreu o dano e, também, não cria espaços para a reparação do dano. O objetivo é somente a punição, compreendida como um mal necessário para ajustar comportamentos desviantes.

Nesse sentido, uma das características mais presentes na justiça restaurativa é o estabelecimento de culpa. Trata-se de uma questão central em todo o processo penal, mas a forma como o sistema jurídico lida com a culpa é diferente da maneira como esta é vivenciada pela vítima e pelo ofensor (Zehr, 2008).

A esse respeito, Zehr (2008) esclarece que a forma como o sistema jurídico concebe a culpa, além de englobar critérios extremamente técnicos e distantes da realidade concreta, é altamente individualista, ou seja, o indivíduo responde individualmente pelo que fez, entendendo-se, "se alguém comete um crime, essa pessoa o fez porque quis. Portanto, a punição é merecida, visto que a escolha foi livre" (Zehr, 2008, p. 67).

Logo, a punição como ação necessária para aquele considerado culpado faz parte da lógica retributiva e não oferece a possibilidade de o "culpado" se responsabilizar pelo dano causado, nem mesmo de ampliar sua rede de relações sociais mais funcionais e saudáveis.

É interessante que, apesar de todas as evidências científicas demonstrarem que o sistema atual não é eficaz – isto é, que a punição não muda o comportamento do ofensor nem previne certas condutas danosas –, ainda assim muitas sociedades, especialmente no Ocidente, continuam a ser punidoras contumazes. Nessa perspectiva, Elliott (2018, p. 131) destaca que o desejo de punir "precede a habilidade criminal da lei de punir".

O maior problema é que, ao focarmos a culpa e a punição quando ocorrem danos e violações, estamos nos voltando ao passado sem nos atentarmos ao presente, tempo no qual podem emergir inúmeras possibilidades de reparações e regenerações. E, ainda, quando focamos o passado, nada fazemos para mudar ou melhorar o futuro.

Dessa forma, segundo Zehr (2008), a noção socialmente construída de culpa está atrelada à lógica de uma cultura individualista e competitiva, que define valores em termos de sucesso material e social, bem como sucesso e fracasso em termos puramente individuais.

> **Na justiça retributiva, especialmente na concepção de justiça ocidental, as necessidades da vítima e do ofensor são negligenciadas, pois estão inseridas na lógica da justiça vingativa, que retribui uma violação com violência, com o único propósito de encontrar o culpado e puni-lo pelo dano causado.**

Isto é, o foco das lentes do sistema de justiça está no passado e no indivíduo, sem enxergar sistemicamente as necessidades e as demandas presentes e futuras de uma sociedade complexa. Assim, a atual visão individualista do crime é eminentemente moderna, já que, no período medieval, o crime era visto em seu contexto interpessoal, ou seja, como um conflito entre pessoas que criava obrigações em decorrência do dano causado.

Com base no exposto, podemos inferir que a justiça retributiva e a justiça restaurativa se diferenciam por suas lentes, pela maneira de enxergarem as formas de lidar com as violações. Esse raciocínio está sintetizado no Quadro 2.1, de acordo com as concepções de Zehr (2008) sobre essa diferenciação.

Quadro 2.1 – O crime pelas lentes retributiva e restaurativa

Justiça retributiva	Justiça restaurativa
O crime é uma violação contra o Estado, definida pela desobediência à lei e pela culpa. A justiça determina a culpa e inflige dor no contexto de uma disputa entre ofensor e Estado, regida por regras sistemáticas.	O crime é uma violação de pessoas e relacionamentos. Ele cria a obrigação de corrigir erros. A justiça envolve a vítima, o ofensor e a comunidade na busca por soluções que promovam reparação, reconciliação e segurança.

Fonte: Elaborado com base em Zehr, 2008, p. 170.

Tendo em vista essa diferenciação, que trata do foco de diferentes lentes para lidar com violações, podemos tentar conceituar a justiça restaurativa pelo modo de fazer justiça, o qual, como mencionamos, consiste em dar uma resposta às violações e a suas consequências mediante a participação de todos os envolvidos direta e indiretamente. O foco, assim, está na construção conjunta de formas de tratar o dano causado.

É importante destacarmos que a dificuldade em conceituar a justiça restaurativa reside, segundo Elliott (2018), no fato de ela ter várias raízes interconectadas, isto é, de difícil fragmentação. Contudo, na obra *Segurança e cuidado: justiça restaurativa e sociedades saudáveis*, a autora apresenta o seguinte conceito proposto por Dave Gustafson: "um rio de cura, um fluxo de pensamento que inclui as contribuições de vários afluentes" (Elliott, 2018, p. 110).

A Organização das Nações Unidas (ONU) buscou dar uma nova definição à justiça restaurativa, que passou a ser compreendida como "um processo por meio do qual todas as partes envolvidas em um ato que causou ofensa se reúnem para decidir coletivamente como lidar com as circunstâncias decorrentes desse ato e suas implicações para o futuro" (João; Arruda, 2014, p. 191).

reúnem para decidir coletivamente como lidar com as circunstâncias decorrentes desse ato e suas implicações para o futuro" (João; Arruda, 2014, p. 191).

De todo modo, as conceituações acerca da justiça restaurativa não devem ser limitantes, sendo necessário considerar seu caráter prático e os diversos modos e contextos em que ela é aplicada. Nessa lógica, é interessante compreendê-la com base em conceitos mais abertos e fluidos, levando-se em conta a dinamicidade e os constantes aperfeiçoamentos que vêm ocorrendo na prática. As práticas de justiça com o objetivo restaurativo identificam os males infligidos e influenciam na reparação dos danos, envolvendo as pessoas e transformando suas atitudes. Sob essa ótica, como há muita confusão conceitual acerca da justiça restaurativa, pois muitas vezes ela é conceituada com base em uma prática, é fundamental estabelecermos uma distinção meramente didática: ela pode ser compreendida tanto em um sentido *lato sensu* (conceituação teórica) como em um sentido *stricto sensu* (prática).

No sentido **lato sensu**, a justiça restaurativa pode ser entendida como um paradigma, isto é, uma forma diferente da convencional para lidar com situações de violação, abrangendo todas as definições práticas e metodológicas (sentido *stricto sensu*).

Neste ponto, antes de prosseguirmos em nossa explanação sobre a justiça restaurativa, devemos esclarecer o que é um *paradigma*. O termo foi alcunhado pela primeira vez por Thomas Kuhn (1997), físico e filósofo estadunidense que, em seu livro *A estrutura das revoluções científicas*, publicado pela primeira vez em 1962, refutou a visão científica de um progresso contínuo.

Para Kuhn, há momentos em que ocorria uma quebra de uma linha científica para se construir outra linha a partir de uma visão diferente, de um novo modelo. Assim, um modelo substituiria outro, ocasionando uma revolução na visão de mundo, isto é, na forma de enxergar a realidade. *Paradigma* foi a expressão utilizada por Kuhn para denominar essa ruptura com o desencadeamento contínuo, no sentido de evolução ou de desenvolvimento da ciência.

Logo, paradigmas podem ser entendidos como realizações científicas universalmente reconhecidas. Na definição do filósofo, um paradigma científico consiste em uma constelação de realizações – conceitos, valores, técnicas – compartilhadas por uma comunidade científica que poderia recorrer a elas para resolver problemas e encontrar soluções legítimas. Posteriormente, o físico austríaco Fritjof Capra ampliou esse conceito para o de *paradigma social*, que consiste em uma "constelação de conceitos, valores, percepções e práticas compartilhadas por uma comunidade, formando uma visão particular da realidade que é a base da maneira pela qual a comunidade se organiza" (Capra; Steindl-Rast, 1991, p. 43). Capra, assim, rompeu com a visão paradigmática mecanicista para estabelecer um novo olhar, com base em um paradigma ecológico, holístico.

Aqui cabe ressaltar a definição de Zehr (2008, p. 83): "Paradigmas são modos específicos de construir a realidade, e a concepção retributiva de justiça é uma dessas construções. O paradigma retributivo é uma forma específica de organizar a realidade". Para ele, "paradigmas moldam a forma como definimos problemas e o nosso reconhecimento do que sejam soluções apropriadas" (Zehr, 2008, p. 83).

Portanto, a justiça restaurativa como paradigma corresponde a uma lente que enxerga e compreende as violações por meio do diálogo, da reparação do dano pelo processo de responsabilização, pela compreensão e pela busca do atendimento às necessidades antecedentes e decorrentes do dano, e não pela culpa ou pela punição, conforme podemos observar no Quadro 2.2.

Quadro 2.2 – Lentes retributiva e restaurativa

Lente retributiva	Lente restaurativa
1. O crime é definido pela violação da lei	1. O crime é definido pelo dano à pessoa e ao relacionamento (violação do relacionamento)
2. Os danos são definidos em abstrato	2. Os danos são definidos concretamente
3. O crime está numa categoria distinta dos outros danos	3. O crime está reconhecidamente ligado a outros danos e conflitos

(continua)

Justiça restaurativa

(Quadro 2.2 – conclusão)

Lente retributiva	Lente restaurativa
4. O Estado é a vítima	4. As pessoas e os relacionamentos são as vítimas
5. O Estado e o ofensor são as partes no processo	5. A vítima e o ofensor são as partes no processo
6. As necessidades e direitos das vítimas são ignorados	6. As necessidades e direitos das vítimas são a preocupação central
7. As dimensões interpessoais são irrelevantes	7. As dimensões interpessoais são centrais
8. A natureza conflituosa do crime é velada	8. A natureza conflituosa do crime é reconhecida
9. O dano causado ao ofensor é periférico	9. O dano causado ao ofensor é importante
10. A ofensa é definida em termos técnicos, jurídicos	10. A ofensa é compreendida em seu contexto total: ético, social, econômico e político

Fonte: Zehr, 2008, p. 174-175.

Por sua vez, no sentido *stricto sensu*, a justiça restaurativa se refere à prática, ao modo de fazer justiça inserido no paradigma restaurativo, que propicia o encontro efetivo entre vítima e ofensor. Esse encontro pode ocorrer pela mediação penal, pelos círculos restaurativos, pelas conferências familiares ou reuniões restaurativas. Apesar de serem métodos diferentes, todos têm por base a restauração das relações por meio do diálogo e da construção de um ambiente que possa atender às necessidades dos envolvidos e reparar os danos.

Por fim, as **práticas restaurativas** visam criar espaços de reflexão sobre novas formas de lidar com as violações de forma mais saudável, com base no princípio da não violência, estabelecendo um novo padrão inter-relacional em que não há a necessidade do encontro concreto entre vítima e ofensor. Tais práticas podem ser direcionadas a situações em que já ocorreram violações, como as que envolvem grupos de ofensores ou de vítimas, mas também pode carregar consigo um cunho profilático, como a justiça restaurativa no espaço escolar e comunitário, que compreende círculos para o fortalecimento do coletivo, envolvendo processos de aprendizagem comunicacional, emocional, relacional e sistêmica.

É possível perceber que a justiça restaurativa, na prática, consegue criar espaços de diálogo para lidar com temas profundos, diretamente vinculados aos conflitos e às violações, como vergonhas, traumas e danos, contemplando valores e fundamentos atrelados ao princípio da comunidade e da justiça.

Na justiça restaurativa, especialmente em sua aplicação, o foco maior está centrado nos valores e nas pessoas, enquanto na justiça retributiva reside nas leis ou nas regras.

Nessa perspectiva, segundo Umbreit e Coates (2000), seis princípios são fundamentais para compreender a justiça restaurativa:

1. **A natureza do crime** – O crime é entendido como um processo pelo qual os humanos violam os relacionamentos pessoais e sociais em consequência de fazer parte de uma comunidade. Assim, não é apenas um ato de infringir as leis do Estado, mas uma ruptura do tecido social ou comunitário.

2. **O objetivo da justiça** – O propósito da justiça é reparar o dano causado e restabelecer, na medida do possível, os relacionamentos pessoais e comunitários.

3. **O papel da vítima** – A reparação do dano e a regeneração da vítima poderão ocorrer especialmente se houver a oportunidade de ela ser inserida do sistema de justiça, seja pelo recebimento de informações, seja pelo diálogo com o infrator, resultando na redução do medo, no aumento do senso de segurança, na apropriação parcial do processo e na renovação da esperança.

4. **O papel do ofensor** – O processo de mudança, de regeneração do ofensor, poderá acontecer se houver um espaço que crie oportunidades para que este assuma responsabilidades e obrigações para com a vítima e a comunidade. Essa oportunidade pode incluir a definição de suas obrigações, a participação em encontros presenciais seguros e mediados com as vítimas, a compreensão do impacto de suas próprias ações, a restituição de maneira criativa, a identificação de suas necessidades, a apropriação parcial do

processo, a resolução do conflito, além da renovação da própria esperança.

5. **O papel da comunidade local** — A restauração para a comunidade local poderá acontecer se seus recursos forem direcionados às necessidades das vítimas e dos infratores, bem como à prevenção da violência e de atos criminosos.

6. **O papel do sistema formal de justiça criminal/juvenil** — A restauração do sistema formal de justiça criminal/juvenil poderá ocorrer ao serem desenvolvidos espaços que possibilitem o envolvimento da vítima e do infrator, de maneira genuína e voluntária.

De maneira complementar aos princípios de Umbreit e Coates (2000), Zehr (2012) apresenta três pilares ou conceitos gerais da justiça restaurativa:

1. **Danos e necessidades** — Primeiramente, é necessário compreender o crime como dano. Ou seja, o foco deve residir no dano cometido, e não no conceito moderno de crime, pois a justiça restaurativa concebe o crime como um dano causado às pessoas e à comunidade. Assim, a proposta da justiça restaurativa é buscar atender às necessidades da vítima por meio de formas de reparar o dano causado concreta e simbolicamente. Porém, além da vítima, ela também tenciona compreender o dano causado ao ofensor e à comunidade, fomentando a construção de possíveis maneiras de reparar os danos de todos os envolvidos.

2. **Obrigações** — Os danos resultam em obrigações, isto é, remetem à iniciação de um processo de responsabilização em vez de culpabilização, no sentido de levar o ofensor a compreender o dano que causou e suas consequências, buscando reparar o dano na medida do possível.

3. **Engajamento** — Sugere a participação e o envolvimento de todos os afetados pelo dano (crime) — vítima, ofensor e membros da comunidade —, em uma atuação mais ativa e que procura a melhor forma de reparar os danos, de modo sistêmico e em processos inclusivos, colaborativos e com soluções construídas consensualmente.

Dessa forma, na justiça restaurativa, são contempladas pelo menos quatro dimensões violadas pelo crime e que precisam ser sanadas: i) da vítima; ii) dos relacionamentos interpessoais; iii) do ofensor; e iv) da comunidade. Tais dimensões são baseadas na concepção restaurativa de crime. Assim, a justiça restaurativa busca restabelecer a relação entre as pessoas e corrigir os males causados.

2.2 O movimento da justiça restaurativa

Os registros apontam que a primeira experiência concebida pela justiça restaurativa nas sociedades ocidentais contemporâneas ocorreu na cidade de Kitchener, em Ontário, Canadá, em 1974, com a aplicação de um modelo de mediação que reunia as vítimas e os ofensores, após a aplicação da decisão judicial (Achutti, 2014). Segundo Prudente e Sabadell (2008), a denominação *justiça restaurativa* apareceu primeiramente em 1975, por meio do psicólogo americano Albert Eglash, segundo o qual as respostas a um crime poderiam ocorrer de três formas: retributiva, com foco na punição; distributiva, voltada para a reeducação; e, por fim, restaurativa, cujo propósito seria a reparação.

Em 1977, Eglash escreveu um artigo intitulado "Beyond Restitution: Creative Restitution", publicado na obra *Restitution in Criminal Justice*, de Joe Hudson e Burt Gallaway (Prudente; Sabadell, 2008).

Conforme Prudente e Sabadell (2008), apesar da adoção do termo *justiça restaurativa*, outras denominações também são utilizadas, como *justiça transformadora* ou *transformativa, justiça relacional, justiça restaurativa comunal, justiça restauradora, justiça recuperativa* e *justiça participativa*.

Os primeiros trabalhos sobre a justiça restaurativa tiveram início no Ocidente, na década de 1970, e refletiam justamente a insatisfação com o sistema de justiça criminal preponderante. Nesse sentido, a construção de uma nova lógica para tratar das violações também teve base nas tradições indígenas, incluindo povos indígenas americanos, havaianos, canadenses e maori (Austrália e Nova Zelândia).

Já nos anos 1980, iniciou-se um movimento pelos avanços da justiça restaurativa, com destaque para os trabalhos de Howard Zehr, Kay Pranis e Tony Marshall, além dos trabalhos dos juízes neozelandeses Mick Brown e Fred McElrea e da polícia australiana (Achutti, 2014).

Também é interessante destacar que alguns movimentos sociais da década de 1960 foram fundamentais para fazer emergir a necessidade de outro olhar para a justiça, influenciando o movimento da justiça restaurativa. Estamos nos referindo, especialmente, a movimentos sociais atinentes aos direitos civis, atrelados à discriminação racial, bem como a movimentos feministas (inadequação do tratamento destinado às mulheres vítimas) e de descarcerização, que apontavam a necessidade de alternativas ao sistema prisional. Segundo Achutti (2014), esses movimentos sociais trouxeram consigo elementos comuns relacionados a experiências injustas e ao tratamento desigual e indiferente do sistema oficial de justiça.

Por sua vez, na década de 1990, o movimento da justiça restaurativa se tornou mais robusto e também angariou contribuições em uma perspectiva crítica.

No Brasil, foi a partir de 2005 que a justiça restaurativa começou a se fazer presente, destacando-se três projetos considerados pilotos no âmbito nacional e que foram financiados pela Secretaria de Reforma do Judiciário (SRJ) e pelo Programa das Nações Unidas para o Desenvolvimento (PNUD). Os três projetos foram implementados em três diferentes cidades: Brasília (DF), Porto Alegre (RS) e São Caetano do Sul (SP).

É importante lembrarmos ainda que o surgimento da justiça restaurativa na contemporaneidade também teve influência de outros movimentos, como os voltados aos direitos das vítimas, ao abolicionismo penal e ao comunitarismo.

O movimento pelos direitos das vítimas ganhou força com o movimento feminista, pela preocupação com os crimes cometidos contra as mulheres. Sua principal argumentação foi em prol da inclusão das necessidades e demandas das vítimas no sistema penal.

Já o movimento pelo abolicionismo penal se originou na criminologia crítica, nas décadas de 1970 e 1980, e propunha a substituição do modelo tradicional de justiça penal pelo modelo de administração de conflitos.

Por fim, o comunitarismo, presente na base fundante da justiça restaurativa, foi um movimento que enfatizou a importância da comunidade, esquecida na modernidade, considerando especialmente que é na comunidade que os sensos de responsabilidade e de pertencimento estão mais presentes e que, portanto, a forma de lidar com os conflitos traz resultados mais benéficos a todos.

2.3 Marcos regulatórios

Em 28 de julho de 1999, o Conselho Econômico e Social (Ecosoc) da ONU aprovou a Resolução n. 1999/26 (ONU, 1999b), que dispõe sobre o desenvolvimento e a implementação de medidas de mediação e de justiça restaurativa na justiça criminal. Essa resolução é considerada o marco inaugural da regulamentação da justiça restaurativa. Um ano depois, em 27 de julho de 2000, o mesmo conselho aprovou a Resolução n. 2000/14, que formula os princípios básicos da justiça restaurativa.

Já em 24 de julho de 2002, o Ecosoc aprovou a Resolução n. 2002/12 (ONU, 2002), que trata dos princípios básicos para a utilização de programas de justiça restaurativa em matéria criminal, estabelecendo diretrizes importantes para sua implementação, reconhecendo que a utilização da justiça restaurativa não obsta o direito de o Estado processar supostos infratores.

Com relação aos princípios básicos para a utilização de programas de justiça restaurativa em matéria criminal, a Resolução n. 2002/12 recomenda a justiça restaurativa para todos os países. O texto legal apresenta algumas terminologias que fundamentam a aplicabilidade da justiça restaurativa, as quais estão expostas a seguir:

1. **Programa de Justiça Restaurativa** significa qualquer programa que use processos restaurativos e objetive atingir resultados restaurativos.

2. **Processo restaurativo** significa qualquer processo no qual a vítima e o ofensor, e, quando apropriado, quaisquer outros indivíduos ou membros da comunidade afetados por um crime, participam ativamente na resolução das questões oriundas do crime, geralmente com a ajuda de um facilitador. Os processos restaurativos podem incluir a mediação, a conciliação, a reunião familiar ou comunitária (conferencing) e círculos decisórios (sentencing circles).

3. **Resultado restaurativo** significa um acordo construído no processo restaurativo. Resultados restaurativos incluem respostas e programas tais como reparação, restituição e serviço comunitário, objetivando atender as necessidades individuais e coletivas e responsabilidades das partes [...].

4. **Partes** significa a vítima, o ofensor e quaisquer outros indivíduos ou membros da comunidade afetados por um crime que podem estar envolvidos em um processo restaurativo.

5. **Facilitador** significa uma pessoa cujo papel é facilitar, de maneira justa e imparcial, a participação das pessoas afetadas e envolvidas num processo restaurativo. (ONU, 2002, grifo nosso)

A mesma resolução também prevê que os programas de justiça restaurativa podem ser utilizados em qualquer fase do sistema de justiça criminal, de acordo com o disposto nas leis do país.

Baseada em princípios restaurativos, a resolução dispõe que os processos restaurativos somente podem ser adotados em situações em que há provas suficientes para culpar o infrator, devendo ser livre e voluntário consentimento de vítima e infrator para a participação no processo. Ambos devem poder retirar tal consentimento em qualquer momento do processo. Além disso, os acordos devem ser consensuais e conter somente obrigações razoáveis e proporcionais. O documento ressalta ainda que tanto a vítima como o ofensor devem usualmente estar de acordo com relação aos fatos essenciais do caso, sendo esse um dos fundamentos do processo restaurativo. A participação do ofensor não poderá ser utilizada como indício de confissão de culpa nos procedimentos judiciais posteriores (ONU, 2002).

Ademais, o texto legal manifesta que compete aos Estados-membros considerar a possibilidade da adoção de diretrizes e normas, com base normativa se necessário, que regulem a utilização de programas de justiça restaurativa. Todavia, tais diretrizes e normas devem respeitar os princípios básicos enunciados na resolução e versar, entre outros tópicos, sobre (ONU, 2002):

※ as condições para a remissão de casos aos programas de justiça restaurativa;

※ a gestão dos casos após um processo restaurativo;

※ a qualificação, o treinamento e a avaliação dos facilitadores;

※ a administração dos programas de justiça restaurativa;

※ as normas sobre a competência e as regras de conduta que regerão o funcionamento dos programas de justiça restaurativa.

Quanto aos facilitadores, a resolução prevê que eles devem desempenhar suas funções de maneira imparcial, com o devido respeito à dignidade das partes. Nesse sentido, é importante que zelem para que as partes ajam com mútuo respeito, assegurando que elas possam encontrar uma solução apropriada entre si. Dessa forma, os facilitadores devem ter uma boa compreensão das culturas e comunidades locais e, quando apropriado, receber treinamento antes de assumir suas funções de facilitação.

Considerando-se o contexto brasileiro, em abril de 2005, no Estado de São Paulo, ocorreu o I Simpósio Brasileiro de Justiça Restaurativa, que resultou na **Carta de Araçatuba**, na qual foram estabelecidos os princípios norteadores do modo de consecução da justiça por meio das práticas restaurativas:

01. plena informação sobre as práticas restaurativas anteriormente à participação e os procedimentos em que se envolverão os participantes;

02. autonomia e voluntariedade para participação das práticas restaurativas, em todas as suas fases;

03. respeito mútuo entre os participantes do encontro;

04. corresponsabilidade ativa dos participantes;

Justiça restaurativa

05. atenção à pessoa que sofreu o dano e atendimento de suas necessidades, com consideração às possibilidades da pessoa que o causou;

06. envolvimento da comunidade pautada pelos princípios da solidariedade e cooperação;

07. atenção às diferenças socioeconômicas e culturais entre os participantes;

08. atenção às peculiaridades socioculturais locais e ao pluralismo cultural;

09. garantia do direito à dignidade dos participantes;

10. promoção de relações equânimes e não hierárquicas;

11. expressão participativa sob a égide do Estado Democrático de Direito;

12. facilitação por pessoa devidamente capacitada em procedimentos restaurativos;

13. observância do princípio da legalidade quanto ao direito material;

14. direito ao sigilo e confidencialidade de todas as informações referentes ao processo restaurativo;

15. integração com a rede de assistência social em todos os níveis da federação;

16. interação com o Sistema de Justiça. (Carta..., 2005)

Já em junho de 2005, em documento ratificado pelos painelistas e participantes da Conferência Internacional Acesso à Justiça por Meios Alternativos de Resolução de Conflitos, realizada na cidade de Brasília, com base na Carta de Araçatuba, ficou registrado que as práticas restaurativas e as respectivas políticas públicas de apoio devem se nortear pelos seguintes princípios e valores:

1. plenas e precedentes informações sobre as práticas restaurativas e os procedimentos em que se envolverão os participantes;

2. autonomia e voluntariedade na participação em práticas restaurativas, em todas as suas fases;

3. respeito mútuo entre os participantes do encontro;

4. corresponsabilidade ativa dos participantes;

5. atenção às pessoas envolvidas no conflito com atendimento às suas necessidades e possibilidades;

6. envolvimento da comunidade, pautada pelos princípios da solidariedade e cooperação;

7. interdisciplinaridade da intervenção;

8. atenção às diferenças e peculiaridades socioeconômicas e culturais entre os participantes e a comunidade, com respeito à diversidade;

9. garantia irrestrita dos direitos humanos e do direito à dignidade dos participantes;

10. promoção de relações equânimes e não hierárquicas;

11. expressão participativa sob a égide do Estado Democrático de Direito;

12. facilitação feita por pessoas devidamente capacitadas em procedimentos restaurativos;

13. direito ao sigilo e confidencialidade de todas as informações referentes ao processo restaurativo;

14. integração com a rede de políticas sociais em todos os níveis da federação;

15. desenvolvimento de políticas públicas integradas;

16. interação com o sistema de justiça, sem prejuízo do desenvolvimento de práticas com base comunitária;

17. promoção da transformação de padrões culturais e a inserção social das pessoas envolvidas;

18. monitoramento e avaliação contínua das práticas na perspectiva do interesse dos usuários [internos e externos]. (Orsini; Lara, 2013, p. 5)

Em 2010, o Conselho Nacional de Justiça (CNJ) promulgou a Resolução n. 125, que instituiu a Política Judiciária Nacional de tratamento adequado dos conflitos de interesses. Em seu art. 7º, o texto legal estabelece:

Art. 7º Os Tribunais deverão criar, no prazo de 30 dias, Núcleos Permanentes de Métodos Consensuais de Solução de Conflitos, compostos por magistrados da ativa ou aposentados e servidores, preferencialmente atuantes na área, com as seguintes atribuições, entre outras":

I – desenvolver a Política Judiciária de tratamento adequado dos conflitos de interesses, estabelecida nesta Resolução;

II – planejar, implementar, manter e aperfeiçoar as ações voltadas ao cumprimento da política e suas metas;

III – atuar na interlocução com outros Tribunais e com os órgãos integrantes da rede mencionada nos arts. 5º e 6º;

IV – instalar Centros Judiciários de Solução de Conflitos e Cidadania que concentrarão a realização das sessões de conciliação e mediação que estejam a cargo de conciliadores e mediadores, dos órgãos por eles abrangidos;

V – promover capacitação, treinamento e atualização permanente de magistrados, servidores, conciliadores e mediadores nos métodos consensuais de solução de conflitos;

VI – na hipótese de conciliadores e mediadores que atuem em seus serviços, criar e manter cadastro, de forma a regulamentar o processo de inscrição e de desligamento;

VII – regulamentar, se for o caso, a remuneração de conciliadores e mediadores, nos termos da legislação específica;

VIII – incentivar a realização de cursos e seminários sobre mediação e conciliação e outros métodos consensuais de solução de conflitos;

IX – firmar, quando necessário, convênios e parcerias com entes públicos e privados para atender aos fins desta Resolução.

Parágrafo único. A criação dos Núcleos e sua composição deverão ser informadas ao Conselho Nacional de Justiça. (Brasil, 2010)

Posteriormente, em 2012, a Lei n. 12.594 instituiu e regulamentou o Sistema Nacional de Atendimento Socioeducativo (Sinase), possibilitando a construção de uma justiça restaurativa juvenil (Brasil, 2012).

Por fim, em 2016, foi aprovada a Resolução n. 225 do CNJ, que trata da Política Nacional de Justiça Restaurativa no âmbito do Poder Judiciário. Em seu art. 1º, o texto legal dispõe:

Art. 1º A Justiça Restaurativa constitui-se como um conjunto ordenado e sistêmico de princípios, métodos, técnicas e atividades próprias, que visa à conscientização sobre os fatores relacionais, institucionais e sociais motivadores de conflitos e violência, e por meio do qual os conflitos que geram dano, concreto ou abstrato, são solucionados de modo estruturado na seguinte forma:

I – é necessária a participação do ofensor, e, quando houver, da vítima, bem como, das suas famílias e dos demais envolvidos no fato danoso, com a presença dos representantes da comunidade direta ou indiretamente atingida pelo fato e de um ou mais facilitadores restaurativos;

II – as práticas restaurativas serão coordenadas por facilitadores restaurativos capacitados em técnicas autocompositivas e consensuais de solução de conflitos próprias da Justiça Restaurativa, podendo ser servidor do tribunal, agente público, voluntário ou indicado por entidades parceiras;

III – as práticas restaurativas terão como foco a satisfação das necessidades de todos os envolvidos, a responsabilização ativa daqueles que contribuíram direta ou indiretamente para a ocorrência do fato danoso e o empoderamento da comunidade, destacando a necessidade da reparação do dano e da recomposição do tecido social rompido pelo conflito e as suas implicações para o futuro. (Brasil, 2016)

A Resolução n. 225 do CNJ constituiu um importante marco para a implementação de programas de justiça restaurativa no âmbito do Poder Judiciário. De um lado, ela ajudou a legitimar programas que já estavam em desenvolvimento e, de outro, contribuiu para o fomento de novos espaços restaurativos.

Síntese

Neste capítulo, discutimos a respeito da justiça restaurativa, diferenciando-a da justiça retributiva a partir de lentes paradigmáticas, ou seja, da compreensão de sua inserção como um novo paradigma, uma nova lente pela qual é possível tratar de crimes e violações.

A abordagem da justiça restaurativa, baseada na maneira como um crime é concebido, trouxe reflexões sobre o modo de fazer justiça em uma perspectiva de reparação de danos, responsabilização e atendimento às necessidades da vítima e do ofensor (lente restaurativa), em contraposição a uma forma de justiça meramente punitiva, com foco na culpa (lente retributiva).

Também apresentamos a construção da justiça restaurativa como um movimento que busca desenvolver um novo modo de fazer justiça ante a ineficiência do sistema atual.

Ainda, mostramos que o movimento da justiça restaurativa teve seus antecedentes em outros movimentos, como o feminismo, o abolicionismo penal e o comunitarismo. Por fim, identificamos o fortalecimento desse movimento nos marcos regulatórios, especialmente os promulgados pela Organização das Nações Unidas (ONU) e pelo Conselho Nacional de Justiça (CNJ).

Para saber mais

BRASIL. Conselho Nacional de Justiça. **Justiça restaurativa**: horizontes a partir da Resolução CNJ 225. Brasília: CNJ, 2016. Disponível em <http://www.crianca.mppr.mp.br/arquivos/File/publi/cnj/justica_restaurativa_cnj_2016.pdf>. Acesso em: 21 abr. 2020.

Essa coletânea foi construída por vários autores e enfatiza a importância da Resolução n. 225 do Conselho Nacional de Justiça (CNJ), contemplando aspectos históricos, conceituais e experiências de justiça restaurativa no Brasil nos mais diversos contextos.

SLAKMON, C.; DE VITTO, R. C. P.; PINTO, R. S. G. (Org.). **Justiça restaurativa**. Brasília: Ministério da Justiça; PNUD, 2005.

Essa obra, elaborada por vários autores, apresenta os aspectos históricos e conceituais da justiça restaurativa, além de descrever experiências desse movimento em diversos países.

Questões para revisão

1. Diferencie a justiça retributiva da justiça restaurativa.

2. Qual é o papel da vítima na justiça restaurativa?

3. Analise as sentenças a seguir e marque I para as que correspondem à percepção restaurativa e II para as que correspondem à percepção retributiva:

( ) A vítima e o ofensor são as partes do processo.
( ) As dimensões interpessoais são irrelevantes.
( ) O dano causado ao ofensor é importante.
( ) A natureza conflituosa do crime é reconhecida.
( ) O crime é definido pela violação da lei.
( ) O Estado é a vítima.

Agora, assinale a alternativa que apresenta a sequência correta:

a) I, II, I, I, II, II.
b) II, II, I, II, II, II.
c) II, I, II, I, II, II.
d) I, I, II, II, II, II.

4. Em que país do Ocidente se registrou a primeira experiência de justiça restaurativa?

a) França.
b) Nova Zelândia.
c) Canadá.
d) Brasil.

5. Qual normativa foi um marco para a implementação de programas de justiça restaurativa no âmbito do Poder Judiciário?

a) A Resolução n. 2002/12 do Conselho Econômico e Social (Ecosoc) da Organização das Nações Unidas (ONU).
b) A Resolução n. 125, de 29 de novembro de 2010, do Conselho Nacional de Justiça (CNJ).
c) A Lei n. 12.594, de 18 de janeiro de 2012, que instituiu o Sistema Nacional de Atendimento Socioeducativo (Sinase).
d) A Resolução n. 225, de 31 de maio de 2016, do Conselho Nacional de Justiça (CNJ).

Questão para reflexão

1. O documentário *Human*, de Yann Arthus-Bertrand, retrata várias histórias de vida de diversas pessoas comuns. O clipe #13, cujo título traduzido para a língua portuguesa é "O amor vem do lugar mais improvável", retrata a história de um jovem negro condenado à prisão perpétua pelo assassinato de uma mulher e sua filha. Quando estava preso, ele foi surpreendido por visitas de pessoas que sequer imaginava receber, como uma senhora que era mãe e avó das vítimas. Esse encontro lhe proporcionou uma ressignificação do amor, que, como consequência de sua história de vida, era entendido por ele como algo que causava dor. Esse documentário demonstra bem a importância do encontro entre vítima e ofensor para a transformação das relações. O acesso ao vídeo, com legendas em português, pode ser feito pela plataforma Youtube, pelo endereço a seguir:

    HUMAN – clipe #13: O amor vem do lugar mais improvável. Direção: Yann Arthus-Bertrand. França: Paname Distribution, 2015. Disponível em: <https://youtu.be/2Liy_1kYaZ0>. Acesso em: 4 maio 2020.

    Depois de assistir ao vídeo, reflita sobre a importância do paradigma restaurativo para a vítima (no caso, a família da vítima) e para a pessoa que causou o dano (o ofensor).

CAPÍTULO 3

Justiça restaurativa e socioeducação

Conteúdos do capítulo:

- A construção histórica dos direitos da criança e do adolescente.
- A doutrina da proteção integral e as medidas socioeducativas previstas no Estatuto da Criança e do Adolescente (ECA).
- O Sistema Nacional de Atendimento Socioeducativo (Sinase) e sua relação com a justiça restaurativa.

Após o estudo deste capítulo, você será capaz de:

1. compreender a construção dos direitos da criança e do adolescente como um processo histórico-social;
2. entender a doutrina da proteção integral em sua relação com os direitos e os princípios do ECA;
3. identificar a pertinência da justiça restaurativa no contexto da aplicação das medidas socioeducativas.

A compreensão da construção dos direitos da criança e do adolescente como um processo histórico-social é fundamental para não reproduzirmos modelos que remetam a uma ultrapassada doutrina da situação irregular na qual a criança e o adolescente eram vistos como objetos de proteção do Estado, e não como sujeitos de direitos.

Neste capítulo, discutiremos como a doutrina da proteção integral mantém muitas aproximações com os fundamentos da justiça restaurativa, pois contempla a responsabilidade compartilhada entre Estado, sociedade e família, enfatizando a importância dos processos decisórios participativos por meio de um modelo de cogestão da sociedade civil, organizado em rede, em uma concepção de horizontalidade.

Veremos que, com base na doutrina da proteção integral e respeitados os estágios de desenvolvimento da criança e do adolescente, o Estatuto da Criança e do Adolescente (ECA) diferencia o tratamento dado aos menores de 18 anos quando do cometimento de um *ato infracional* – terminologia utilizada para crimes cometidos por adolescente, em razão da imputabilidade penal.

Essa diferenciação doutrinária gera um campo propício para a inserção do paradigma restaurativo, considerando-se, especialmente, que as medidas socioeducativas aplicadas aos adolescentes que cometem um ato infracional devem ter um caráter pedagógico, e não punitivo.

Além disso, evidenciaremos que a execução das medidas socioeducativas regulamentadas pelo Sistema Nacional de Atendimento Socioeducativo (Sinase) tem objetivos muito próximos aos da justiça restaurativa, entre eles a responsabilidade e a reparação do dano, atendendo, sempre que possível, às necessidade da vítima e promovendo sua integração social. A lei que institui o Sinase, aliás, expressa a prioridade de aplicação de práticas ou medidas restaurativas.

3.1 Criança e adolescente: caminhada histórica

Ao abordarmos o tema *criminalidade e infância*, é importante traçarmos um contexto histórico, o que se faz necessário para compreendermos o sistema atual.

No mundo ocidental, o tratamento dado às crianças sofreu mudanças mais significativas a partir dos séculos XVII e XVIII, pois, de maneira geral, na sociedade medieval não existia uma consciência da particularidade infantil, ou seja, uma distinção entre criança e adulto, conforme explica Ariès (2006).

O termo *infância*, como o empregamos atualmente, começou a ser utilizado no século XVI e consolidou-se no século XVIII, quando surgiram preocupações com a higiene e a saúde física da criança, já que anteriormente o índice de mortalidade na infância era extremamente elevado. Logo, a partir desse século, as crianças passaram a ocupar um lugar mais central no âmbito da família.

Foi justamente no século XVIII que se promoveu um controle maior da infância e da família. Esta igualmente passou a assumir novas configurações, especialmente quanto ao seu papel reprodutor no processo de industrialização. A noção de amor materno também foi socialmente construída no referido século.

Nesse novo contexto, impôs-se à família moderna a função de ser instrumento de controle das populações. Ainda, a educação voltada às crianças passou a abrigar uma nova concepção, sob a influência iluminista e da racionalidade moderna, com papel disciplinarizador, como uma forma de controle.

Já no Brasil, a temática concernente à infância recebeu maior atenção em 1551, com o processo de colonização. Nesse ano, foi inaugurada a primeira Casa de Recolhimento de crianças, dedicada especialmente às crianças de comunidades nativas – população chamada pelos colonizadores de *índios*. Sob a coordenação dos jesuítas, essa instituição tinha por objetivo catequizar crianças consideradas selvagens.

Posteriormente, em 1726, ocorreu a criação da primeira roda dos expostos no Brasil, sob a influência da Igreja Católica, como forma de tratar da orfandade – questão relacionada à infância que mais gerava preocupações nas autoridades, juntamente com a delinquência.

Quando o processo de industrialização se iniciou no Brasil, por volta de 1870, a cidade de São Paulo tinha aproximadamente 30 mil habitantes e, em menos de 40 anos, esse número aumentou consideravelmente para uma população de 286 mil habitantes. Essa explosão demográfica foi acompanhada pelo crescimento industrial, especialmente nos ramos alimentícios, de serraria, têxtil e de cerâmica. Infelizmente, as condições sociais da cidade não tiveram o mesmo avanço. Nesse mesmo período, houve o solapamento da escravidão e o aumento de imigrantes fixados no país.

Com a Constituição da República Federativa do Brasil de 1988, crianças e adolescente deixaram de ser objeto de "proteção" e se tornaram sujeitos de direitos, beneficiários e destinatários imediatos da proteção integral (Brasil, 1988).

Esse novo paradigma instaurado pela Constituição de 1988 surgiu com o rompimento da doutrina da situação irregular, que era até então estabelecida pelo Código de Menores (Lei n. 6.697, de 10 de outubro de 1979). Após essa ruptura, foi implementada a **doutrina da proteção integral**, estabelecendo-se uma diretriz básica e única no atendimento de crianças e adolescentes.

Além disso, a Constituição de 1988, de forma até então inédita na história do Brasil, abordou a questão da criança e do adolescente com prioridade absoluta, adotando o princípio da responsabilidade compartilhada para assegurar sua proteção, com a atribuição desse dever à família, à sociedade e ao Estado.

A doutrina da proteção integral adotada no Brasil teve forte inspiração na Declaração de Genebra de 1924, considerada a primeira normativa internacional a garantir direitos e proteção especial a crianças e adolescentes. Em seguida, a Declaração Universal dos Direitos Humanos, emitida em Paris, em 1948, reconheceu os direitos e as liberdades individuais do ser humano e assegurou o princípio da dignidade da pessoa humana.

Na mesma linha, o Pacto de São José, de 1969 (Convenção Americana de Direitos Humanos), consignou 19 medidas de proteção voltadas à criança e ao adolescente. Conforme expõe o art. 19 desse documento, "Toda criança terá direito às medidas de proteção que a sua condição de menor requer, por parte da sua família, da sociedade e do Estado" (Convenção..., 1969). Outros instrumentos normativos também são considerados marcos importantes para a construção dos direitos atinentes à infância e à adolescência, entre os quais estão:

* as Regras de Beijing, voltadas para a administração da infância e da juventude – por meio da Resolução n. 40/33, de 29 de novembro de 1985, da Assembleia Geral da ONU (ONU, 1985);
* a Convenção Internacional sobre os Direitos da Criança, aprovada pela Assembleia Geral da ONU em 20 de novembro de 1989 e ratificada pelo Brasil por meio do Decreto n. 99.710, de 21 de novembro de 1990 (Brasil, 1990a).

No Brasil, além da influência de normativas internacionais, o Estatuto da Criança e do Adolescente (ECA) foi resultado da articulação de três vertentes: i) movimentos sociais – especialmente o Movimento Nacional de Meninos e Meninas de Rua (MNMMR); ii) agentes do campo político; e iii) políticas públicas.

Com relação ao MNMMR, é importante destacarmos que se trata de um movimento que se originou em um contexto de busca de direitos e lutas contra a ditadura militar. Surgiu na década de 1980 e atraiu várias pessoas na defesa dos direitos das crianças e dos adolescentes, exigindo mudanças nas mais diversas esferas da sociedade.

Na área da construção de políticas públicas e maior protagonismo social no campo político, os direitos da criança e do adolescente emergiram com a busca de garantias de direitos humanos, tendo em vista que, nos anos 1980, o número de jovens nas ruas cresceu de forma significativa, bem como aumentaram os casos de extermínio.

Com a proteção integral, crianças e adolescentes passaram a ser sujeitos de direitos, e não mais objetos de proteção, conforme era o entendimento à época da vigência do Código de Menores. Sob essa ótica, o Quadro 3.1 apresenta as mudanças paradigmáticas na área da criança e do adolescente.

Quadro 3.1 – Da situação irregular à proteção integral

ASPECTO	ANTERIOR	ATUAL
Doutrinário	Situação Irregular	Proteção Integral
Caráter	Filantrópico	Política Pública
Fundamento	Assistencialista	Direito Subjetivo
Centralidade Local	Judiciário	Município
Competência	União-Estados	Município
Executória	Centralizador	Participativo
Decisório	Estatal	Cogestão Sociedade
Institucional	Piramidal	Civil
Organização	Hierárquica	Rede
Gestão	Monocrática	Democrática

Fonte: Maciel, 2017, p. 63.

Esse atual modelo de proteção integral preconizado na Lei n. 8.069, de 13 de julho de 1990 (Brasil, 1990b), que dispõe sobre o ECA, está consubstanciado na Constituição da República Federativa do Brasil de 1988, garantindo um conjunto de direitos fundamentais voltados à criança e ao adolescente. Tais direitos estão baseados nos princípios da prioridade absoluta e do melhor interesse do menor, deixando para trás um antigo caráter assistencialista e chamando à corresponsabilização de sua implementação o Estado, a sociedade e a família (princípio da tríplice responsabilidade compartilhada).

3.2 Contexto legal

Inspirado na luta pela garantia dos direitos humanos, o Brasil passou a consolidar os direitos da criança e do adolescente em sua Constituição Federal de 1988, que posteriormente se materializou na Lei n. 8.069/1990, o ECA, documento que, conforme seu art. 1º, dispõe sobre a **proteção integral à criança e ao adolescente**. Em seu art. 3º, o ECA estabelece:

> Art. 3º A criança e o adolescente gozam de todos os direitos fundamentais inerentes à pessoa humana, **sem prejuízo da proteção integral de que trata esta Lei**, assegurando-lhes, por lei ou por outros meios, todas as oportunidades e facilidades, a fim de lhes facultar o desenvolvimento físico, mental, moral, espiritual e social, em condições de liberdade e de dignidade.
>
> Parágrafo único. Os direitos enunciados nesta Lei aplicam-se a todas as crianças e adolescentes, sem discriminação de nascimento, situação familiar, idade, sexo, raça, etnia ou cor, religião ou crença, deficiência, condição pessoal de desenvolvimento e aprendizagem, condição econômica, ambiental, social, região e local de moradia ou outra condição que diferencie as pessoas, as famílias ou a comunidade em que vivem. (Brasil, 1990b, grifo nosso)

Tendo em vista essa perspectiva, vamos tratar aqui especificamente de medidas socioeducativas, que têm um caráter também protetivo aos adolescentes – e apenas aos adolescentes, pois não se aplica às crianças – que cometem ato infracional.

O art. 103 do ECA define *ato infracional* como a conduta descrita como crime ou contravenção penal, ou seja, quando a conduta do adolescente infringe normas legais.

No entanto, com base no art. 228 da Constituição Federal, abarcado posteriormente pelo ECA, os menores de 18 anos são penalmente inimputáveis. Assim, dizemos que eles cometem atos infracionais, e não crimes, pois não têm um caráter penal, e sim administrativo. Nesse sentido, não se atribui ao adolescente uma pena, mas medidas socioeducativas, considerando-se que ainda são sujeitos em desenvolvimento.

As medidas socioeducativas são aplicadas apenas aos adolescentes e, no caso de uma criança apresentar conduta que infrinja as normas legais, devem ser aplicadas apenas as medidas de proteção previstas no art. 101 do ECA. O Estatuto considera como criança a pessoa com menos de 12 anos de idade e como adolescente a pessoa com 12 a 18 anos incompletos.

Então, em síntese: quando uma criança comete ato infracional, são aplicadas as medidas de proteção previstas no art. 101 do ECA; diferentemente, quando um adolescente pratica ato infracional, são aplicadas, exclusivamente pelo juiz de direito, medidas socioeducativas, que podem ser combinadas com medidas de proteção. As medidas socioeducativas estão taxativamente elencadas no art. 112 do ECA:

> Art. 112. Verificada a prática de ato infracional, a autoridade competente poderá aplicar ao adolescente as seguintes medidas:
>
> I – advertência;
>
> II – obrigação de reparar o dano;
>
> III – prestação de serviços à comunidade;
>
> IV – liberdade assistida;
>
> V – inserção em regime de semiliberdade;
>
> VI – internação em estabelecimento educacional;
>
> VII – qualquer uma das previstas no art. 101, I a VI. (Brasil, 1990b)

Com relação à **advertência**, trata-se de uma espécie de "bronca" judicial, que tem por finalidade orientar o adolescente, levando-o à reflexão acerca do ato infracional cometido. Já a **obrigação de reparar o dano** se refere ao ressarcimento econômico à vítima, ou seja, à possibilidade de o adolescente ressarcir a vítima do dano que lhe causou.

Por sua vez, a **prestação de serviços à comunidade (PSC)** tem caráter educativo, tendo em vista que o adolescente presta serviços (realiza atividades gratuitas) a uma instituição com finalidade social (pode ser uma instituição pública ou privada), durante um período não excedente a seis meses. O jovem em questão deve ser encaminhado por profissionais que promovem a Política Municipal de Assistência Social, vinculados aos Centros de Referência Especializados de Assistência Social (Creas).

A **liberdade assistida** diz respeito ao acompanhamento do adolescente por uma equipe interdisciplinar, que ocorre (comumente) no âmbito da Política Nacional de Assistência Social (PNAS), cuja finalidade é promover esse acompanhamento especialmente nas dimensões comunitária, familiar e escolar. Essa medida é aplicada pelo prazo mínimo de seis meses, podendo ser prorrogada, revogada ou substituída pelo juiz.

Ainda, a medida socioeducativa em **regime de semiliberdade** consiste em uma privação parcial da liberdade do adolescente, o qual deve permanecer em uma unidade de socioeducação por tempo determinado pelo juiz, podendo sair apenas para estudar ou trabalhar.

Por fim, a medida de **internação** é uma medida de privação de liberdade que pode durar até três anos, período em que o adolescente deve se manter distante do convívio familiar e comunitário, permanecendo em uma unidade de socioeducação em regime integral.

Ainda no que se refere à temática de socioeducação, a Lei n. 12.594, de 18 de janeiro de 2012 (Brasil, 2012), instituiu o Sistema Nacional de Atendimento Socioeducativo (Sinase), que busca integrar e articular o sistema de justiça às políticas setoriais voltadas às medidas de proteção e socioeducação dirigidas aos adolescentes em conflito com a lei, visando assegurar a efetividade da execução das medidas socioeducativas pela definição de diretrizes operacionais.

Assim como as medidas socioeducativas previstas no ECA, as medidas de proteção à criança e ao adolescente podem ser compreendidas como a parte mais relevante do Estatuto, pois rompem com a doutrina da situação irregular para dar vazão à implementação da doutrina da proteção integral, como já mencionamos.

As medidas protetivas são aplicadas a crianças e adolescentes em situação de risco, conforme exposto no art. 98 do ECA:

Art. 98. As medidas de proteção à criança e ao adolescente são aplicáveis sempre que os direitos reconhecidos nesta Lei forem ameaçados ou violados:

I – por ação ou omissão da sociedade ou do Estado;

II – por falta, omissão ou abuso dos pais ou responsável;

III – em razão de sua conduta. (Brasil, 1990b)

Tais medidas estão previstas no art. 101 do ECA e têm o objetivo de proteger a criança e o adolescente. Podem ser aplicadas isoladamente ou em conjunto com outras medidas, inclusive socioeducativas, como comentamos.

Portanto, o ECA traz um rol exemplificativo das medidas de proteção que podem ser aplicadas. Isso porque, além das medidas mencionadas no Estatuto, podem ser aplicadas outras ações que venham a ser necessárias conforme a situação concreta. Por sua vez, no caso das medidas socioeducativas, esse rol é taxativo, ou seja, somente podem ser aplicadas as medidas citadas.

As medidas protetivas podem ser estabelecidas pelo Conselho Tutelar, pelo Ministério Público ou pela autoridade judiciária. Algumas delas só podem ser aplicadas pelo juiz, quando, por exemplo, consistirem na inserção da criança ou do adolescente em uma família substituta. Em casos excepcionais, em situações extremas, o Conselho Tutelar pode proceder à inserção da criança ou do adolescente em uma família substituta, porém apenas mediante comunicação imediata ao juiz, que pode aplicar todas as medidas de proteção.

De acordo com o que se apresenta no art. 100 do ECA, para a aplicação de medidas protetivas, devem-se levar em conta as necessidades pedagógicas e psicológicas da criança ou do adolescente, com preferência para as medidas que visem fortalecer os vínculos familiares e comunitários, de modo a respeitar o direito à convivência familiar e comunitária.

Vejamos, então, quais são as medidas protetivas previstas no ECA:

Art. 101. Verificada qualquer das hipóteses previstas no art. 98, a autoridade competente poderá determinar, dentre outras, as seguintes medidas:

I – encaminhamento aos pais ou responsável, mediante termo de responsabilidade;

II – orientação, apoio e acompanhamento temporários;

III – matrícula e frequência obrigatórias em estabelecimento oficial de ensino fundamental;

IV – inclusão em serviços e programas oficiais ou comunitários de proteção, apoio e promoção da família, da criança e do adolescente;

V – requisição de tratamento médico, psicológico ou psiquiátrico, em regime hospitalar ou ambulatorial;

VI – inclusão em programa oficial ou comunitário de auxílio, orientação e tratamento a alcoólatras e toxicômanos;

VII – acolhimento institucional;

VIII – inclusão em programa de acolhimento familiar;

IX – colocação em família substituta. (Brasil, 1990b)

A aplicação dessas medidas sempre levará em consideração as necessidades pedagógicas da criança ou do adolescente em situação de risco, respeitados os direitos fundamentais e, como mencionado, enfatizando-se o fortalecimento dos vínculos familiares e comunitários.

Além de prever os direitos destinados a crianças e adolescentes, o ECA foi constituído e consagrado sobre uma base principiológica, para que conseguisse introduzir um novo paradigma pautado pela doutrina da proteção integral que pudesse romper com o antigo paradigma menorista.

Inseridos na legislação, os princípios que compõem essa base são considerados fontes fundamentais do direito, a partir de valores compartilhados pela sociedade. A função de tais princípios está diretamente relacionada à orientação e ao esclarecimento das normas jurídicas, especialmente quando da necessidade de aplicá-las em casos concretos.

Essa base principiológica congrega alguns princípios voltados à área da infância e da juventude, considerados princípios orientadores:

※ prioridade absoluta;
※ melhor interesse ou interesse superior da criança e do adolescente;
※ municipalização.

É importante destacarmos que esses princípios não são os únicos, mas apenas os principais, que derivam de um metaprincípio: o da proteção integral. Veremos cada um deles a seguir

Prioridade absoluta

Trata-se de um princípio estabelecido pela Constituição Federal, em seu art. 227:

> Art. 227. É dever da família, da sociedade e do Estado assegurar à criança, ao adolescente e ao jovem, com absoluta prioridade, o direito à vida, à saúde, à alimentação, à educação, ao lazer, à profissionalização, à cultura, à dignidade, ao respeito, à liberdade e à convivência familiar e comunitária, além de colocá-los a salvo de toda forma de negligência, discriminação, exploração, violência, crueldade e opressão. (Brasil, 1988)

Por seu turno, os arts. 4º e 100 do ECA também apresentam esse princípio:

> Art. 4º É dever da família, da comunidade, da sociedade em geral e do poder público assegurar, com absoluta prioridade, a efetivação dos direitos referentes à vida, à saúde, à alimentação, à educação, ao esporte, ao lazer, à profissionalização, à cultura, à dignidade, ao respeito, à liberdade e à convivência familiar e comunitária.
>
> [...]
>
> Art. 100. Na aplicação das medidas levar-se-ão em conta as necessidades pedagógicas, preferindo-se aquelas que visem ao fortalecimento dos vínculos familiares e comunitários.
>
> Parágrafo único. São também princípios que regem a aplicação das medidas:
>
> I – condição da criança e do adolescente como sujeitos de direitos: crianças e adolescentes são os titulares dos direitos previstos nesta e em outras Leis, bem como na Constituição Federal;

II – proteção integral e prioritária: a interpretação e aplicação de toda e qualquer norma contida nesta Lei deve ser voltada à proteção integral e prioritária dos direitos de que crianças e adolescentes são titulares; [...] (Brasil, 1990b)

Esse princípio significa que, independentemente do contexto (judicial, extrajudicial, administrativo, social ou familiar), o interesse infantojuvenil deve sempre preponderar.

Ao privilegiar o atendimento de crianças e adolescentes, leva-se em consideração que se trata de pessoas ainda em desenvolvimento, cujas fragilidades peculiares estão atreladas à formação e que correm riscos maiores do que aqueles a que estão expostos os adultos, por exemplo.

Essa prioridade garante, portanto, que crianças e adolescentes tenham seus direitos atendidos e assegurados por todos: família, comunidade, sociedade em geral e Poder Público, em todas as suas esferas (executiva, judiciária e legislativa)

Melhor interesse ou interesse superior da criança e do adolescente

Esse princípio está previsto no art. 6º do ECA, que assim dispõe:

Art. 6º Na interpretação desta Lei levar-se-ão em conta os fins sociais a que ela se dirige, as exigências do bem comum, os direitos e deveres individuais e coletivos, e a condição peculiar da criança e do adolescente como pessoas em desenvolvimento. (Brasil, 1990b)

A base desse princípio é, justamente, responsabilizar o Estado no que diz respeito às demandas advindas do período infantojuvenil. Ademais, foi por meio da Declaração dos Direitos da Criança, que contribuiu para a doutrina da proteção integral, que se passou a adotar como paradigma orientador o princípio do melhor interesse da criança e do adolescente.

Assim, com base nesse princípio, devem ser levadas em consideração as necessidades infantojuvenis para a interpretação das leis e, também, para a elaboração de projetos, programas, políticas públicas e novas normativas

Municipalização

Com a Constituição de 1988, ficou estabelecida a descentralização das ações governamentais na área da assistência social, conforme prevê o art. 204 da Lei Maior:

> Art. 204. As ações governamentais na área da assistência social serão realizadas com recursos do orçamento da seguridade social, previstos no art. 195, além de outras fontes, e organizadas com base nas seguintes diretrizes:
>
> I – descentralização político-administrativa, cabendo a coordenação e as normas gerais à esfera federal e a coordenação e a execução dos respectivos programas às esferas estadual e municipal, bem como a entidades beneficentes e de assistência social; [...] (Brasil, 1988)

Nessa mesma corrente da assistência social, o ECA, em seu art. 88, inciso I, que aborda as diretrizes de atendimento, indica que a municipalização é uma das diretrizes da política de atendimento para o público contemplado pelo Estatuto.

Portanto, para que seja possível atender às necessidades de crianças e adolescentes, é necessário municipalizar o atendimento, a fim de englobar as características específicas de cada região. Além disso, uma maior proximidade com os problemas existentes, conhecendo-se suas causas, possibilitará que eles sejam mais facilmente resolvidos.

Diante do exposto, podemos concluir que a aplicação de medidas de proteção à criança e ao adolescente pode ser compreendida como a parte mais relevante do Estatuto. Como mencionamos anteriormente, rompe-se, assim, com a doutrina da situação irregular para fazer emergir a doutrina da proteção integral.

Ao privilegiar o atendimento de crianças e adolescentes, leva-se em consideração que se trata de pessoas ainda em desenvolvimento, cujas fragilidades peculiares estão atreladas à formação e que correm riscos maiores do que aqueles a que estão expostos os adultos, por exemplo.

3.3 Medidas socioeducativas e justiça restaurativa

O sistema socioeducativo previsto pelo ECA teve forte inspiração na instrumentalidade garantista. No entanto, apresenta diferenças com relação ao sistema criminal, porque considera o adolescente um ser em desenvolvimento.
Como explanamos na seção anterior, quando um adolescente comete uma ação violadora das normas que definem crimes e contravenções, essa ação é chamada de *ato infracional*, que consiste em um comportamento típico, ou seja, previamente descrito na lei penal, porém cometido por adolescente, conforme art. 103 do ECA.
No sistema criminal tradicional, a caracterização de um crime se fundamenta no princípio constitucional da legalidade, isto é, deve ser um fato típico e antijurídico. E o que isso significa?
O fato é típico quando o tipo penal está previsto expressamente na lei. Por exemplo, matar alguém é uma ação prevista no art. 121 do Código Penal brasileiro – Decreto-Lei n. 2.848, de 7 de dezembro de 1940 (Brasil, 1940). Assim, a conduta do agente está expressa na lei como crime, corroborando o art. 1º desse código, o qual elucida: "Não há crime sem lei anterior que o defina" (Brasil, 1940).
O fato é antijurídico ou ilícito quando é contrário ao direito, à norma jurídica, ou seja, ilegal. São excludentes de ilicitude, previstos em lei: o estado de necessidade; a legítima defesa; o estrito cumprimento do dever legal; e o exercício regular de direito (Brasil, 1940).
A teoria tripartite considera que, para definir um crime, além dos elementos mencionados (tipicidade e antijuridicidade), é necessário estar presente também o elemento da culpabilidade, que traz a relação entre a capacidade psíquica do sujeito que praticou o ato e o fato criminoso em si.
Embora praticado o fato típico e antijurídico por adolescente, pela presunção absoluta de inimputabilidade em prol do menor de 18 anos, ele não será responsabilizado penalmente e, de acordo com o ECA,

poderão ser aplicadas medidas socioeducativas proporcionais e adequadas à gravidade dos atos praticados e à idade.

Dessa forma, com base no garantismo penal, o adolescente não pode ser punido, isto é, obrigado ao cumprimento de medida socioeducativa, em uma situação na qual o adulto não seria. Por isso, é importante conhecer, mesmo superficialmente, a lógica que fundamenta o sistema criminal.

Nessa perspectiva, o art. 114 do ECA esclarece que a imposição de qualquer das medidas socioeducativas previstas no art. 112 pressupõe a existência de provas suficientes da autoria e da materialidade da infração, ressalvada a hipótese de remissão, nos termos do art. 127 do Estatuto. A remissão é uma espécie de perdão judicial, que não implica necessariamente o reconhecimento ou a comprovação da responsabilidade do adolescente nem prevalece para efeito de antecedentes.

Podemos observar, assim, que o ato infracional é tratado como uma ação equivalente a um crime ou a uma contravenção penal, pois possivelmente o legislador teve a preocupação de estabelecer a conduta que pode submeter o adolescente ao cumprimento de uma medida socioeducativa, presumindo que, caso contrário, poderia gerar arbitrariedades e insegurança social.

Já o art. 104 do ECA estabelece que os menores de 18 anos são penalmente inimputáveis, ou seja, até os 18 anos, são considerados ainda sem total discernimento e autodeterminação para entender o caráter criminoso do fato no momento da ação ou da omissão.

Feitas essas considerações iniciais, cabe enfatizar que as medidas socioeducativas previstas no art. 112 do ECA são aplicadas pelo juiz de direito depois da apuração do ato infracional atribuído ao adolescente, conforme previsto na Seção V do ECA.

Devemos ressaltar que as medidas socioeducativas têm caráter predominantemente pedagógico, diferente do sistema criminal voltado para adultos, cujo caráter é principalmente retributivo, ou seja, punitivo. Assim, ao aplicar as medidas socioeducativas previstas no art. 112 do ECA, a autoridade judiciária deve levar em consideração o caráter pedagógico da medida.

Em síntese: um ato infracional ocorre quando uma ação contrária às normas é cometida por criança ou adolescente; é crime ou contravenção penal quando é realizada por adulto.

Com relação à criança com até 12 anos incompletos, podem ser aplicadas medidas protetivas, cujo rol não taxativo consta no art. 101 do ECA. Vale a pena relembrarmos que, quando existe um rol não taxativo de medidas, isso significa que será possível aplicar outras medidas que não estejam especificadas na lei – nesse caso, visando ao melhor interesse da criança.

Para os adolescentes com idade entre 12 e 18 anos incompletos, aplicam-se as medidas socioeducativas previstas no art. 112 do ECA, que, como mencionado anteriormente, apresenta um rol taxativo de medidas. Isso significa que não podem ser aplicadas outras medidas socioeducativas a não ser aquelas dispostas em lei. Além de tais medidas, também podem ser aplicadas as medidas protetivas previstas no art. 101 do ECA.

Por fim, com relação àqueles com 18 anos ou mais, aplicam-se as sanções previstas na legislação penal, com caráter retributivo.

Uma síntese do exposto está representada na Figura 3.1.

Figura 3.1 – Aplicação do ECA e da legislação penal

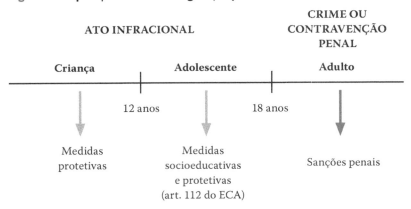

Fonte: Elaborada com base em Brasil, 1990b.

Após a aplicação das medidas socioeducativas, ganha relevância a atuação do Sinase, instituído pela Lei n. 12.594/2012, que visa regulamentar a execução das medidas destinadas a adolescente que pratique ato infracional.

O Sinase é compreendido, conforme o parágrafo 1º do art. 1º da lei citada, como

> § 1º [...] o conjunto ordenado de princípios, regras e critérios que envolvem a execução de medidas socioeducativas, incluindo-se nele, por adesão, os sistemas estaduais, distrital e municipais, bem como todos os planos, políticas e programas específicos de atendimento a adolescente em conflito com a lei. (Brasil, 2012)

Assim, o Sinase tem como propósito promover a articulação, no território nacional, entre os governos estaduais e municipais, o sistema de justiça e as políticas setoriais básicas (assistência social, saúde, educação, cultura etc.), com vistas a garantir a efetividade e a eficácia da execução das medidas socioeducativas aplicadas ao adolescente que comete alguma infração.

São objetivos das medidas socioeducativas, conforme parágrafo 2º do art. 1º dessa lei:

> § 2º [...] I – a responsabilização do adolescente quanto às consequências lesivas do ato infracional, sempre que possível incentivando a sua reparação;
>
> II – a integração social do adolescente e a garantia de seus direitos individuais e sociais, por meio do cumprimento de seu plano individual de atendimento; e
>
> III – a desaprovação da conduta infracional, efetivando as disposições da sentença como parâmetro máximo de privação de liberdade ou restrição de direitos, observados os limites previstos em lei. (Brasil, 2012)

Com relação aos princípios que devem ser observados quando da execução das medidas socioeducativas, eles estão expostos no art. 35 dessa mesma lei:

Art. 35. [...] I – legalidade, não podendo o adolescente receber tratamento mais gravoso do que o conferido ao adulto;

II – excepcionalidade da intervenção judicial e da imposição de medidas, favorecendo-se meios de autocomposição de conflitos;

III – prioridade a práticas ou medidas que sejam restaurativas e, sempre que possível, atendam às necessidades das vítimas;

IV – proporcionalidade em relação à ofensa cometida;

V – brevidade da medida em resposta ao ato cometido, em especial o respeito ao que dispõe o art. 122 da Lei nº 8.069, de 13 de julho de 1990 (Estatuto da Criança e do Adolescente);

VI – individualização, considerando-se a idade, capacidades e circunstâncias pessoais do adolescente;

VII – mínima intervenção, restrita ao necessário para a realização dos objetivos da medida;

VIII – não discriminação do adolescente, notadamente em razão de etnia, gênero, nacionalidade, classe social, orientação religiosa, política ou sexual, ou associação ou pertencimento a qualquer minoria ou status; e

IX – fortalecimento dos vínculos familiares e comunitários no processo socioeducativo. (Brasil, 2012)

As medidas socioeducativas elencadas no art. 112 do ECA podem ser cumpridas em meio aberto ou com privação de liberdade, como nos casos de regime de semiliberdade e internação em estabelecimento educacional.

Quando tais medidas são cumpridas em meio aberto, especialmente nos programas de prestação de serviços à comunidade ou de liberdade assistida, a direção da entidade responsável pelo acompanhamento do adolescente deve observar os critérios estipulados pela Lei n. 12.594/2012 em seus arts. 13 e 14.

Já com relação aos programas de privação da liberdade, o texto legal estabelece os requisitos específicos para a inscrição de programas de regime de semiliberdade ou internação em seus arts. 15, 16 e 17.

No que diz respeito à avaliação e ao acompanhamento da gestão do atendimento socioeducativo, compete à União, em articulação com os estados, o Distrito Federal e os municípios, avaliar periodicamente a implementação dos planos de atendimento socioeducativo em um prazo não superior a três anos, com o propósito de "verificar o cumprimento das metas estabelecidas e elaborar recomendações aos gestores e operadores dos Sistemas", conforme exposto no art. 18, parágrafo 1º, da Lei n. 12.594/2012 (Brasil, 2012).

Ademais, no processo de avaliação, devem participar os representantes do Poder Judiciário, do Ministério Público, da Defensoria Pública e dos Conselhos Tutelares, conforme determina o parágrafo 2º do art. 18 da mesma lei.

O Sistema Nacional de Avaliação e Acompanhamento do Atendimento Socioeducativo está pautado nos seguintes objetivos:

> Art. 19 [...] I – contribuir para a organização da rede de atendimento socioeducativo;
>
> II – assegurar conhecimento rigoroso sobre as ações do atendimento socioeducativo e seus resultados;
>
> III – promover a melhora da qualidade da gestão e do atendimento socioeducativo; e
>
> IV – disponibilizar informações sobre o atendimento socioeducativo. (Brasil, 2012)

Ao compreender melhor o sistema de socioeducação previsto no ECA e, ainda, no Sinase, torna-se possível perceber a congruência com o paradigma restaurativo, seja pelo caráter pedagógico das medidas impostas ao adolescente que comete ato infracional, seja pela indicação do processo de responsabilização do adolescente pelo seu ato, até mesmo mediante a reparação do dano causado, atendendo-se, sempre que possível, às necessidades da vítima.

A Resolução n. 225, de 31 de maio de 2016, do Conselho Nacional de Justiça (Brasil, 2016) prevê, entre os princípios que orientam a justiça restaurativa, "a corresponsabilidade, a reparação dos danos, o atendimento às necessidades de todos os envolvidos, a informalidade, a voluntariedade, a imparcialidade, a participação [...]", o que se coaduna com os princípios e objetivos do Sinase.

É interessante destacarmos que, entre os princípios que regem a execução das medidas socioeducativas, o Sinase fixou, no inciso III do art. 35 da Lei n. 12.594/2012, "prioridade a práticas ou medidas que sejam restaurativas e, sempre que possível, atendam às necessidades das vítimas" (Brasil, 2012).

Nesse sentido, podemos considerar que a lei que criou o Sinase representa o fortalecimento não apenas da justiça restaurativa concretamente, mas também da doutrina da proteção integral. Assim, a referida lei foi feliz em priorizar o modelo restaurativo, pois a transposição do modelo retributivo para o direito infracional juvenil é ineficaz e incoerente com a proposta do ECA, seja porque não consegue materializar a doutrina da proteção integral, o que, por conseguinte, acarreta violação da Constituição Federal, seja porque a implementação de uma justiça predominantemente retributiva não produz os resultados esperados pela sociedade no alcance da pacificação social.

Síntese

Neste capítulo, vimos que ainda são muito recentes os movimentos em prol da garantia de direitos à criança e ao adolescente e do respeito ao desenvolvimento físico, mental, social, moral e espiritual desses sujeitos.

Destacamos que a doutrina da proteção integral foi uma construção histórico-social que caminhou em conjunto com a busca pela garantia de direitos humanos. Nesse sentido, identificamos alguns instrumentos e convenções internacionais que influenciaram no estabelecimento dos direitos da criança e do adolescente no Brasil.

Essa contextualização histórica foi importante para a compreensão dos direitos consignados na Constituição Federal de 1988 e na legislação especial voltada a crianças e adolescentes.

Além disso, mostramos que a diferenciação do tratamento dado a crianças e adolescentes que cometem crime – identificado no Estatuto da Criança e do Adolescente (ECA) como *ato infracional* – resultou desse movimento pela garantia de direitos para esses sujeitos. Essa diferenciação abriu um campo fértil para a implementação de práticas restaurativas mais adequadas, inclusive mediante a aplicação e a execução do ECA.

Para saber mais

BRASIL. Presidência da República. Secretaria Especial dos Direitos Humanos. Conselho Nacional dos Direitos da Criança e do Adolescente. **Sistema Nacional de Atendimento Socioeducativo – Sinase**. Brasília, 2006. Disponível em: <http://www.conselhodacrianca.al.gov.br/sala-de-imprensa/publicacoes/sinase.pdf>. Acesso em: 4 maio 2020.

Nesse material, você poderá conhecer mais sobre o Sinase, sua interface com as políticas públicas, a forma como se organiza, a gestão dos programas que se inserem no sistema e os parâmetros de gestão pedagógica no atendimento socioeducativo.

BRASIL. Ministério do Desenvolvimento Social e Agrário. **Caderno de orientações técnicas**: serviço de medidas socioeducativas em meio aberto. Brasília: Secretaria Nacional de Assistência Social, 2016. Disponível em: <https://www.direitosdacrianca.gov.br/novodireito/publicacoes/copy_of_21032017CadernodeOrientaesMeioAbertoonline.pdf>. Acesso em: 4 maio 2020.

Esse material, além de possibilitar uma melhor compreensão da execução das medidas socioeducativas em meio aberto, apresenta também a interface entre o Sinase e a Política Nacional de Assistência Social (PNAS).

Questões para revisão

1. É possível vincular a justiça restaurativa à aplicação e à execução de medidas socioeducativas? Fundamente sua resposta.

2. Diferencie a doutrina da situação irregular da doutrina da proteção integral.

3. O que acontece quando um adolescente comete um ato infracional?

a) São aplicadas apenas medidas socioeducativas.
b) Podem ser aplicadas medidas socioeducativas e medidas protetivas.
c) São aplicadas as penas previstas no Código Penal.
d) São aplicadas medidas protetivas.

4. Assinale a afirmativa correta:

a) Medidas socioeducativas são aquelas previstas no ECA, em um rol exemplificativo, quando do cometimento de um ato infracional por adolescente.
b) Medidas protetivas são aquelas previstas no ECA, elencadas taxativamente, com a finalidade de proteger a criança e o adolescente em situação de risco.
c) Crianças e adolescentes são penalmente inimputáveis.
d) Conforme o ECA, considera-se como criança a pessoa com até 12 anos completos.

5. Avalie quais das opções a seguir constituem princípios que devem nortear a execução de medidas socioeducativas de acordo com o Sinase:

I) Legalidade.
II) Individualização.
III) Prioridade de práticas ou medidas restaurativas.
IV) Intervenção mínima.

Agora, assinale a alternativa que apresenta a resposta correta:

a) As opções I e II são verdadeiras.
b) As opções I, II e IV são verdadeiras.
c) Todas as opções são verdadeiras.
d) As opções I, II e III são verdadeiras.

Questão para reflexão

1. Para refletir sobre a importância da doutrina da proteção integral e o enfoque restaurativo, leia a seguir uma decisão do juiz Gerivaldo Alves Neiva, de Conceição do Coité, município baiano de 60 mil habitantes.

"Processo Número 1863657-4/2008
Autor: Ministério Público Estadual
Réu: B.S.S
B.S.S é surdo e mudo, tem 21 anos e é conhecido em Coité como "Mudinho".
Quando criança, entrava nas casas alheias para merendar, jogar vídeo-game, para trocar de roupa, para trocar de tênis e, depois de algum tempo, também para levar algum dinheiro ou objeto. Conseguia abrir facilmente qualquer porta, janela, grade, fechadura ou cadeado. Domou os cães mais ferozes, tornando-se amigo deles. Abria também a porta de carros e dormia candidamente em seus bancos. Era motivo de admiração, espanto e medo!
O Ministério Público ofereceu dezenas de Representações contra o então adolescente B.S.S. pela prática de "atos infracionais" dos mais diversos. O Promotor de Justiça, Dr. José Vicente, quase o adotou e até o levou para brincar com seus filhos, dando-lhe carinho e afeto, mas não teve condições de cuidar do "Mudinho".
O Judiciário o encaminhou para todos os órgãos e instituições possíveis, ameaçou prender Diretoras de Escolas que não o aceitavam, mas também não teve condições de cuidar do "Mudinho".
A comunidade não fez nada por ele.
O Município não fez nada por ele.
O Estado Brasileiro não fez nada por ele.

Hoje, B.S.S tem 21 anos, é maior de idade, e pratica crimes contra o patrimônio dos membros de uma comunidade que não cuidou dele.

Foi condenado, na vizinha Comarca de Valente, como "incurso nas sanções do art. 155, caput, por duas vezes, art. 155, § 4º, inciso IV, por duas vezes e no art. 155, § 4º, inciso IV c/c art. 14, inciso II", à pena de dois anos e quatro meses de reclusão.

Por falta de estabelecimento adequado, cumpria pena em regime aberto nesta cidade de Coité.

Aqui, sem escolaridade, sem profissão, sem apoio da comunidade, sem família presente, sozinho, às três e meia da manhã, entrou em uma marmoraria e foi preso em flagrante. Por que uma marmoraria?

Foi, então, denunciado pelo Ministério Público pela prática do crime previsto no artigo 155, § 4º, incisos II e IV, c/c o artigo 14, II, do Código Penal, ou seja, crime de furto qualificado, cuja pena é de dois a oito anos de reclusão.

Foi um crime tentado. Não levou nada.

Por intermédio de sua mãe, foi interrogado e disse que "toma remédio controlado e bebeu cachaça oferecida por amigos; que ficou completamente desnorteado e então pulou o muro e entrou no estabelecimento da vítima quando foi surpreendido e preso pela polícia."

Em alegações finais, a ilustre Promotora de Justiça requereu sua condenação "pela prática do crime de furto qualificado pela escalada."

B.S.S. tem péssimos antecedentes e não é mais primário. Sua ficha, contando os casos da adolescência, tem mais de metro.

O que deve fazer um magistrado neste caso? Aplicar a Lei simplesmente? Condenar B.S.S. à pena máxima em regime fechado?

O futuro de B.S.S. estava escrito. Se não fosse morto por um "proprietário" ou pela polícia, seria bandido. Todos sabiam e comentavam isso na cidade.

Hoje, o Ministério Público quer sua prisão e a cidade espera por isso. Ninguém quer o "Mudinho" solto por aí. Deve ser preso. Precisa ser retirado do seio da sociedade. Levado para a lixeira

Socioeducação: introdução à justiça restaurativa

humana que é a penitenciária. Lá é seu lugar. Infelizmente,
a Lei é dura, mas é a Lei!

O Juiz, de sua vez, deve ser a "boca da Lei."

Será? O Juiz não faz parte de sua comunidade? Não pensa? Não
é um ser humano?

De outro lado, será que o Direito é somente a Lei? E a Justiça,
o que será?

Poderíamos, como já fizeram tantos outros, escrever mais de um
livro sobre esses temas.

Nesse momento, no entanto, temos que resolver o caso concreto
de B.S.S. O que fazer com ele?

Nenhuma sã consciência pode afirmar que a solução para B.S.S
seja a penitenciária. Sendo como ela é, a penitenciária vai
oferecer a B.S.S. tudo o que lhe foi negado na vida: escola,
acompanhamento especial, afeto e compreensão? Não. Com
certeza, não!

É o Juiz entre a cruz e a espada. De um lado, a consciência, a fé
cristã, a compreensão do mundo, a utopia da Justiça... Do outro lado, a Lei.

Neste caso, prefiro a Justiça à Lei.

Assim, B.S.S., apesar da Lei, não vou lhe mandar para a Penitenciária.

Também não vou lhe absolver.

Vou lhe mandar prestar um serviço à comunidade.

Vou mandar que você, pessoalmente, em companhia de Oficial
de Justiça desse Juízo e de sua mãe, entregue uma cópia dessa
decisão, colhendo o "recebido", a todos os órgãos públicos dessa
cidade – Prefeitura, Câmara e Secretarias Municipais; a todas
as associações civis dessa cidade – ONGs, clubes, sindicatos,
CDL e maçonaria; a todas as Igrejas dessa cidade, de todas as
confissões; ao Delegado de Polícia, ao Comandante da Polícia
Militar e ao Presidente do Conselho de Segurança; a todos os
órgãos de imprensa dessa cidade e a quem mais você quiser.

Aproveite e peça a eles um emprego, uma vaga na escola para
adultos e um acompanhamento especial. Depois, apresente
ao Juiz a comprovação do cumprimento de sua pena e não
roubes mais!

Expeça-se o Alvará de Soltura.
Conceição do Coité – Ba, 07 de agosto de 2008, ano vinte da Constituição Federal de 1988.
Bel. Gerivaldo Alves Neiva
Juiz de Direito"

Fonte: Recanto das Letras, 2008.

CAPÍTULO 4

Educação e justiça restaurativa

Conteúdos do capítulo:

※ Cultura de paz e não violência.
※ Educação para o século XXI.
※ Sete saberes necessários para a educação do futuro.
※ Disciplina restaurativa.
※ Janela da disciplina social.

Após o estudo deste capítulo, você será capaz de:

1. compreender a importância da educação na disseminação de conceitos da não violência e da construção de uma cultura de paz;
2. desenvolver uma compreensão da educação e do conhecimento de maneira mais integrada, rompendo com as fragmentações do pensamento;
3. diferenciar modelos de disciplina social punitiva, negligente, permissiva e restaurativa por meio dos vetores *apoio* e *controle*.

Neste capítulo, abordaremos a importância da educação na disseminação dos princípios da não violência, de modo a construir uma cultura de paz e fortalecer a inclusão, a cooperação e o respeito. Consideramos que a educação tem um papel central no desenvolvimento de outra forma de pensar, rompendo com os binarismos e com a fragmentação do pensamento, que levam a processos relacionais de exclusão. Além disso, analisaremos os esforços dispensados, inclusive por organismos internacionais, para pensar uma educação que promova aprendizados para uma convivência mais respeitosa, não violenta e baseada na solidariedade. Discutiremos também a inserção dos fundamentos da justiça restaurativa no contexto escolar por meio da disciplina restaurativa, na busca por estimular relacionamentos cooperativos e solidários que possam gerar apoio e responsabilização.

4.1 A não violência no contexto da educação

A construção de uma cultura de paz ficou evidenciada especialmente após as duas grandes guerras. Para tanto, alguns mecanismos internacionais foram criados, entre eles a Organização das Nações Unidas para a Educação, a Ciência e a Cultura (Unesco), fundada em 16 de novembro de 1945 com o propósito de garantir a paz mediante a cooperação entre as nações por meio da educação, da ciência e da cultura.

A cultura de paz tem um caráter profilático intrinsecamente relacionado à resolução não violenta dos conflitos. Ademais, trata-se de uma cultura fundada na inclusão, na cooperação, na solidariedade e no respeito às diferenças e aos direitos individuais, por meio do diálogo e da negociação, tornando inviáveis a guerra e a violência (Noleto, 2010).

Ao abordarmos a cultura de paz, estamos estamos fazendo referência à justiça no seu conceito mais profundo, o qual pode ser mais bem traduzido pelo filósofo Jonh Rawls (2002), que atrela a justiça o conceito de equidade. A justiça como equidade se caracteriza por uma sociedade como um sistema equitativo de cooperação, na qual está presente uma cultura democrática. Enfatizamos que se trata de uma sociedade, e não de uma comunidade, porque nela está presente um pluralismo razoável. Além disso, esse modelo de justiça gera um sistema equitativo de cooperação social que é perpetuado de uma geração para outra.

Fica claro que a mudança paradigmática de uma cultura de guerra e violência para uma cultura de paz e não violência é um dos grandes desafios, em escala planetária, do século XXI, contexto no qual a educação tem um papel fundamental.

Percebendo essa necessidade, a Assembleia Geral das Nações Unidas proclamou o ano 2000 como o Ano Internacional da Cultura de Paz (conforme a Resolução n. 52/15, de 20 de novembro de 1997).

Também, em 10 de novembro de 1998, a mesma assembleia decretou o período entre 2001 e 2010 como a Década Internacional para uma Cultura de Paz e Não Violência para as Crianças do Mundo (de acordo com a Resolução n. 53/25), delegando à Unesco a responsabilidade pela promoção e articulação da campanha (ONU, 1999a).

No lançamento da campanha, um grupo de homenageados com o Prêmio Nobel da Paz, reunidos em Paris para as comemorações do 50º aniversário da Declaração Universal dos Direitos Humanos, criou o Manifesto 2000 por uma Cultura de Paz e Não Violência (Unesco, 2000). No manifesto, ficam evidenciados o poder e a responsabilidade de cada pessoa com o bem comum. O texto expressa seis princípios para promover a equidade entre os seres humanos, expostos na Figura 4.1, proclamando a ideia de que "a paz está em nossas mãos".

Figura 4.1 – Princípios estabelecidos no Manifesto 2000 por uma Cultura de Paz e Não Violência

1. Respeitar a vida
2. Rejeitar a violência
3. Ser generoso
4. Ouvir para compreender
5. Preservar o planeta
6. Redescobrir a solidariedade

Fonte: Elaborada com base em Unesco, 2000.

Ainda, a Assembleia enfatizou a importância da educação na construção de uma cultura de paz e não violência, convocando todos os Estados-membros a se organizarem para assegurar que as práticas da paz e da não violência sejam ensinadas em todos os níveis de ensino.

Iniciativas como as da Organização das Nações Unidas (ONU) são de extrema relevância, especialmente no Ocidente, pois em nossa cultura a não violência ainda é um elemento estranho, sendo a violência um aspecto predominante nos padrões comportamentais e de pensamento.

A **não violência** consiste na recusa de toda e qualquer forma de legitimação ou justificação de violência. Trata-se, portanto, de uma atitude de oposição à violência, e a força da terminologia – *não violência* – advém, justamente, da negação, da recusa. Isso não significa que a ideia da não violência sugira um mundo sem conflito, uma vez que a

A justiça como equidade se caracteriza por uma sociedade como um sistema equitativo de cooperação, na qual está presente uma cultura democrática. Enfatizamos que se trata de uma sociedade, e não de uma comunidade, porque nela está presente um pluralismo razoável. Além disso, esse modelo de justiça gera um sistema equitativo de cooperação social que é perpetuado de uma geração para outra.

Educação e justiça restaurativa

humanidade do homem não se concretiza sem o conflito, que faz parte da natureza. O que muda é a maneira como lidamos com o conflito, que pode, sim, englobar formas não violentas, baseadas no diálogo e na compreensão.

Cabe observar que a expressão *não violência* provém da palavra sânscrita *ahimsa*, com origem no hinduísmo. Sua tradução literal considera a presença do prefixo negativo – *a* ligado à forma *himsa*, que significa "intenção de causar dano, de usar de violência com um ser vivo" (Muller, 2007, p. 52). Assim, *ahimsa* corresponde ao conceito de ausência de toda e qualquer intenção de violência.

No que diz respeito à cultura intrínseca à maneira como lidamos com as diferenças, a ideologia da violência honrosa está no apagar das diferenças entre diversas culturas, provocando um desvelamento de semelhanças. Nessa direção, Muller (2007, p. 12) destaca que, "para viver em paz com os outros, não se trata simplesmente de aceitar nossas diferenças, mas de recusar nossas semelhanças".

Nesse sentido, a democracia é um processo de construção e aprendizado do princípio da não violência, e as principais ameaças a ela nascem justamente de ideologias com dificuldade de aceitação das diferenças, baseadas na exclusão e na discriminação, a exemplo do fascismo, do nacionalismo, do racismo e do liberalismo econômico, cujas bases residem apenas na acumulação de lucro.

Assim, a escola, como espaço de aprendizado, deve ser desenhada para a democracia, priorizando o aprofundamento das relações, a convivência com as diferenças e a construção conjunta, colaborativa e solidária da sociedade.

Com esse viés, vários estudiosos, liderados por Jacques Delors, elaboraram o documento *Educação: um tesouro a descobrir – Relatório para a Unesco da Comissão Internacional sobre Educação para o Século XXI* (Delors et al., 2010), no qual se identificam os quatro pilares da educação, conforme exposto na Figura 4.2.

Figura 4.2 – Quatro pilares da educação

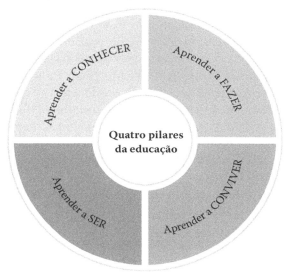

Mas como implementar esses quatro saberes? Essa divisão de áreas do aprendizado é meramente didática, pois tais saberes estão intrinsecamente interligados – são dimensões que dependem umas das outras. O primeiro saber, **aprender a conhecer**, está relacionado ao aprendizado da descoberta, da construção, do aprender a aprender, que, para tanto, ocorre na dimensão do fazer, do ser e do conviver.

Por sua vez, o **aprender a fazer** consiste no aprendizado advindo da prática, do fazer e do agir, e contribui imensamente para o desenvolvimento da autonomia e da responsabilidade. O aprender a fazer se dá de maneira interligada aos demais pilares.

Já o **aprender a conviver** nos leva ao aprendizado das relações sociais, tão importantes para o desenvolvimento do ser social. Atualmente, porém, esse aprendizado tem se tornado desafiador ante as dificuldades de conviver com as diferenças; mas é ele que, talvez, possa nos trazer respostas para importantes questões norteadoras deste século XXI.

Por fim, o **aprender a ser** envolve os outros aprendizados em um caminho perene de autoconhecimento.

Os quatro pilares da educação para o século XXI são até hoje um grande desafio para as instituições educacionais. Foi com base na preocupação com o direcionamento da educação que a Unesco, em 1999, por meio de seu presidente, Federico Mayor, convidou Edgar Morin – sociólogo e filósofo, diretor emérito de pesquisa no Centre National de la Recherche Scientifique (CNRS), na França, presidente da Associação para o Pensamento Complexo e autor de inúmeras obras – para sistematizar ideias e reflexões que pudessem servir como ponto de partida para repensar a educação do futuro.

O pensamento de Edgar Morin (2003) se direciona para uma educação que considera as incertezas, na qual a razão e a falta dela fazem parte de qualquer tipo de cognição – apesar de a ciência formal desconsiderar os itinerários míticos, mágicos ou imaginários. A educação do futuro, para o autor, requer um olhar transdisciplinar, capaz de reintegrar ciências e humanidades, rompendo com o distanciamento e a oposição entre cultura e natureza. Para tanto, Morin (2003) propõe sete saberes necessários para a educação do futuro, os quais apresentaremos a seguir.

4.2 Os sete saberes necessários para a educação do futuro

A proposta de Edgar Morin (2003) para a educação do futuro contempla saberes fundamentais que devem estar inseridos em todas as sociedades e culturas, seguindo padrões que respeitam suas diversidades e regras.

Os sete saberes propostos pelo autor constituem caminhos para todos aqueles que (co)constroem a educação em seu sentido mais amplo, e não apenas a educação formal. Nessa perspectiva, Morin

(2003) abre caminho para uma educação mais integrada, integral e conectada com a realidade concreta dos habitantes do planeta. Listamos a seguir os sete saberes necessários à educação do futuro propostos por Morin (2003):

1. As cegueiras do conhecimento: o erro e a ilusão
2. Os princípios do conhecimento pertinente
3. Ensinar a condição humana
4. Ensinar a identidade terrena
5. Enfrentar as incertezas
6. Ensinar a compreensão
7. A ética do gênero humano

A crença de que a ciência nos trará certezas absolutas é ilusória, pois todo conhecimento comporta em si o risco do erro e da ilusão. Nessa direção, Morin (2003, p. 19) destaca que o erro e a ilusão "parasitam a mente humana desde o aparecimento do *Homo sapiens*". O autor propõe que a educação do futuro atue conforme a compreensão de que o conhecimento está, em algum grau, ameaçado pelo erro e pela ilusão, pois não é reflexo do mundo externo, mas apenas uma percepção, que consiste nas "traduções e reconstruções cerebrais com base em estímulos ou sinais captados e codificados pelos sentidos" (Morin, 2003, p. 20).

Dessa forma, conforme explicita o autor, o erro de percepção está atrelado não só à limitação do sentido da visão, mas também ao erro intelectual, contemplado na interpretação, "o que introduz o risco do erro na subjetividade do conhecedor, de sua visão do mundo e de seus princípios de conhecimento" (Morin, 2003, p. 20).

Ademais, destaca o filósofo, os riscos do erro são ampliados quando projetamos nossos desejos, medos e emoções – e não há como afastar toda manifestação de afetividade, que faz emergir nossas emoções, mesmo reconhecendo-se que alguns sentimentos podem nos "cegar". O mundo da inteligência é intrinsecamente conectado ao da afetividade, ainda que tentemos racionalmente separá-los – isso é apenas uma ilusão. Logo, a separação ou a fragmentação das coisas é uma forma de ilusão ou de restrição da percepção.

Na esteira desse raciocínio, nas palavras de Morin (2003, p. 21), a capacidade de sentir emoções é "indispensável ao estabelecimento de comportamentos racionais". Nesse sentido, o autor menciona que a "afetividade pode asfixiar o conhecimento, mas pode também fortalecê-lo" (Morin, 2003, p. 20).

Desse modo, a educação do futuro deve estar direcionada à identificação da origem dos erros e das ilusões, em vez de afastá-los como se não existissem. Caso isso não seja feito, corre-se o risco de a educação se desenvolver na ilusão, pois a "verdadeira racionalidade, aberta por natureza, dialoga com o real que lhe resiste" (Morin, 2003, p. 23).

Quanto às cegueiras do conhecimento, elas estão relacionadas às "cegueiras paradigmáticas, já que o paradigma constitui um importante papel na construção do conhecimento. Conforme Morin (2003, p. 26), o paradigma "é inconsciente, mas irriga o pensamento consciente, controla-o e, nesse sentido, é também supraconsciente".

O conhecimento do mundo é uma necessidade que vincula e instiga os habitantes do planeta. Trata-se, assim, de uma necessidade vital e intelectual. Aprender a acessar informações sobre o mundo, articulá-las e organizá-las, bem como a conceber e perceber os contextos local, global – isto é, a relação partes/todo –, multidimensional e complexo, é importante para a educação do futuro, com vistas ao desenvolvimento de um conhecimento pertinente. No entanto, tais elementos requerem uma profunda reformulação do pensamento – uma reforma paradigmática, e não programática.

A compartimentalização do mundo nos levou a uma fragmentação do pensamento, o que gerou saberes compartimentados, por outro lado, o aumento da complexidade da realidade acarretou problemas cada vez mais transversais, multidisciplinares, multidimensionais, transnacionais, globais e planetários.

Nesse processo de afastamento de um pensamento complexo em favor de um pensamento fragmentado, tornaram-se invisíveis o **contexto**, o **global**, o **multidimensional** e o **complexo** (Morin, 2003).

O contexto diz respeito ao sentido contextualizado da informação, tendo em vista que um dado tomado isoladamente é insuficiente.

Já o "global é mais que o contexto, é o conjunto das diversas partes ligadas a ele de modo inter-retroativo ou organizacional" (Morin, 2003, p. 36). Trata-se da recomposição do todo para compreender e conhecer as partes. Por sua vez, o multidimensional traz a visibilidade integrada de unidades complexas, como no caso do ser humano em suas dimensões social, biológica, espiritual, psíquica, afetiva, racional e fisiológica. Por fim, Morin (2003, p. 35) propõe que o conhecimento pertinente deve enfrentar a complexidade: "*Complexus* significa o que foi tecido junto". Logo, a complexidade está presente quando há inseparabilidade constitutiva de elementos diferentes em um tecido interdependente (Morin, 2003). Assim, a educação do futuro deve se voltar para um conhecimento pertinente, que possa dar visibilidade ao contexto, ao global, ao multidimensional e ao complexo, bem como às inter-relações entre esses elementos.

A ciência que foi sendo construída desde a revolução científica nos levou a uma hiperespecialização, ou seja, à especialização que se fecha em si mesma, que se traduz em uma forma de abstração, pois é, muitas vezes, descontextualizada.

Não há como negar os avanços e benefícios trazidos pela ciência, especialmente a partir do século XX; contudo, paradoxalmente, ao mesmo tempo acabou produzindo "nova cegueira para os problemas globais, fundamentais e complexos, e esta cegueira gerou inúmeros erros e ilusões" (Morin, 2003, p. 45).

Conferir sentido à noção de complexidade não é fácil, mas é possível.

Complexidade não é o que traz confusão à mente, e sim um desafio para um novo modo de pensar, formado a partir de um tecido de constituintes heterogêneas inseparavelmente associadas, em que o uno e o múltiplo coexistem (Morin, 2006).

No paradigma do pensamento complexo, os paradoxos são aceitos, tendo em vista a complementaridade existente entre eles, tornando-se até mesmo, em muitos casos, objeto de estudo. Esse paradigma não constrói um

> Complexidade não é o que traz confusão à mente, e sim um desafio para um novo modo de pensar, formado a partir de um tecido de constituintes heterogêneas inseparavelmente associadas, em que o uno e o múltiplo coexistem (Morin, 2006).

pensamento onisciente, pois a verdade é sempre situada em determinado tempo e espaço, aceitando-se a desordem e a incerteza. Portanto, ao pensar uma educação centrada na condição humana, faz-se necessário desenvolver um pensamento complexo, pois, para reconhecer uma humanidade comum, é necessário reconhecer a diversidade cultural, como também destacou Muller (2007) quanto ao princípio da não violência.

Nessa direção, Morin (2003) destaca que, para conhecer o ser humano, é importante situá-lo, questionar sobre sua posição no mundo, e não separá-lo dele. Logo, é preciso construir um pensamento que possa buscar compreender o ser humano com base em sua identidade complexa e em sua identidade comum a todos os seres humanos. Trata-se, portanto, de aprender a reconhecer a unidade e a complexidade humanas.

A compreensão do destino planetário do gênero humano é também outra realidade que deve fazer parte da educação do futuro, especialmente a compreensão da identidade terrena, comum a todos os seres vivos, pela qual devem emergir os sensos de responsabilidade e solidariedade, pois, independentemente do local onde estejam, todos partilham um destino comum.

Nesse processo, é igualmente importante que o princípio da não violência forme a base ética das relações entre os povos, por meio da percepção da interdependência observada entre todas as formas de vida existentes no planeta. Isso porque a planetarização – que se desenvolveu com o processo de dominação do Ocidente europeu sobre o resto do mundo, provocando catástrofes civilizatórias, especialmente nas Américas – acabou por conduzir ao processo de destruição, escravização e exploração selvagem das Américas e da África.

Pelo fato de priorizar o desenvolvimento econômico em detrimento de outras dimensões – social, cultural e local –, esse processo provocou, no século XX, as duas grandes guerras mundiais e, depois de 1989, a generalização da economia liberal, também chamada de **mundialização**, cuja consequência foi a **globalização** dos mercados.

Ademais, Morin (2003) ressalta que o século XX foi o século de aliança com duas barbáries: uma delas, como mencionamos, refere-se às duas grandes guerras; já a outra "vem do âmago da racionalização, que só conhece o cálculo e ignora o indivíduo, seu corpo, seus sentimentos, sua alma, e que multiplica o poderio da morte e da servidão técnico-industriais" (Morin, 2003, p. 70).

Com base no exposto, podemos afirmar que vivemos em um momento no qual o mundo se torna cada vez mais um todo – cada parte do mundo faz parte do todo, que, por sua vez, está cada vez mais presente em suas partes. Neste momento, é importante aprender a estar no planeta e nele viver, dividir, comunicar e comungar. Tais ações, para Morin (2003), só podem ser aprendidas por meio de culturas singulares. Por isso, o grande aprendizado é ser terreno, e não mais apenas pertencer a uma cultura (Morin, 2003). Ainda, o enfrentamento das incertezas é o convite a uma aventura humana, devendo-se entender que as mudanças são inevitáveis.

As tensões são inúmeras, e o fato de diversos problemas estarem interligados transmite a impressão de que o mundo está em crise. Entretanto, para Morin (2003), não se trata apenas de pensar o mundo em crise; é preciso reconhecer a existência de um estágio violento, no qual se encontram forças de morte e de vida, o que se denomina *estado de agonia*.

Sob essa perspectiva, cabe observar que, embora os humanos tenham uma essência solidária, permanecem inimigos uns dos outros, em virtude da própria cultura de dominação (patriarcal), que desencadeia ódios de raça, religião e ideologia, levando a guerras, destruições e massacres. Assim, os sujeitos precisam aprender a gerar humanidade e a resgatá-la de si mesmos, o que pode ser feito, inicialmente, por meio do aprendizado das incertezas ligadas ao conhecimento.

Outro aspecto que deve estar contemplado na educação do futuro é o ensino da compreensão, que remete a um caminho que vai do ego ao eco, em que o outro não é percebido objetivamente, mas por um processo empático. Esse aprendizado passa por uma ética da compreensão, que busca compreender a incompreensão e que se relaciona a outra dimensão ética: a do gênero humano.

> O grande aprendizado é ser terreno, e não mais apenas pertencer a uma cultura (Morin, 2003).

Não há como ensinar a ética do gênero humano por meio de lições morais; é necessário promover um aprendizado que compreenda as autonomias individuais e, ao mesmo tempo, o indivíduo como parte da sociedade, como parte da espécie. Trata-se, portanto, de uma ética que consiga contemplar, a um só tempo, indivíduo, sociedade e espécie.

4.3 A justiça restaurativa na educação

A justiça restaurativa no contexto da educação ganhou força especialmente com o lançamento do Manifesto 2000, da Unesco, conforme já comentamos. Suas raízes estão nos anos 1990, com professores que se utilizavam de processos circulares para o fortalecimento comunitário da sala de aula e da escola, ou seja, para o fortalecimento da cultura relacional de interconexões no contexto escolar (Evans; Vaandering, 2018).

Nos últimos anos da década de 1990, o International Institute for Restorative Practices (IIRP)[1] começou a capacitar as escolas da América do Norte para o uso das práticas restaurativas, por meio de um programa denominado SaferSanerSchools (em português, "Escolas Mais Saudáveis e Seguras"), ampliando os parâmetros das práticas restaurativas para a utilização preventiva e proativa dos enfoques restaurativos (Costello; Wachtel; Wachtel, 2011).

Nesse contexto, é importante reconhecer o espaço que o Manifesto 2000 criou nas esferas da convivência humana, da sustentabilidade ambiental e da justiça social, especialmente por meio de uma visão mais sistêmica acerca dos problemas que envolvem toda a humanidade.

---

[1] O Instituto Internacional de Práticas Restaurativas (IIRP) é a primeira escola de pós-graduação do mundo totalmente dedicada ao estudo das práticas restaurativas. É composto por pesquisadores, professores e profissionais que se dedicam a ajudar as pessoas a encontrar novas maneiras de capacitar as pessoas e transformar as comunidades.

Assim, conseguimos vislumbrar a relação da justiça restaurativa não apenas com o Manifesto 2000, mas também com seus desdobramentos, como o relatório apresentado por Jacques Delors et al. (2010), já mencionado, e o trabalho de Edgar Morin (2003) para a Unesco sobre os sete saberes necessários para a educação do futuro, o qual abordamos na seção anterior.

Nessa perspectiva, os programas de justiça restaurativa no ambiente escolar devem se utilizar do diálogo em sua conceituação mais profunda, conforme exposto por David Bohm (2005). Para ele, o diálogo é um convite que precisa de consentimento, isto é, só ocorre quando há predisposição de todos. Trata-se de uma forma de esclarecer ao outro determinado pressuposto, com o objetivo de promover um livre fluxo de significados. Sua prática revela a compreensão da consciência em si mesma, melhora a comunicação entre as pessoas e permite a observação compartilhada da experiência e a produção de percepções e ideias novas.

Dessa forma, podemos perceber o espaço em que ocorreram as primeiras iniciativas e experiências da justiça restaurativa na educação. Obviamente, os formatos iniciais tomaram emprestada a experiência adotada nos ambientes judiciais, porém com o propósito de resolver problemas comportamentais de disciplina, conflitos e danos no ambiente escolar.

Atualmente, a justiça restaurativa na educação envolve várias abordagens, como práticas restaurativas, disciplina restaurativa, abordagens restaurativas, medidas restaurativas e práticas de justiça restaurativa. Além disso, processos de mediação, aprendizados socioemocionais e programas antibullying partilham do mesmo paradigma restaurativo (Evans; Vaandering, 2018).

As práticas, as abordagens e as medidas restaurativas, além das práticas de justiça restaurativa, serão aprofundadas no próximo capítulo. Aqui vamos enfocar brevemente em que consiste a disciplina restaurativa e qual é sua relação com a educação.

De acordo com Mullet e Amstutz (2012), a disciplina tem um papel importante na vida das crianças, pois pode colaborar para que elas se tornem adultos responsáveis e mais solidários, além de refrear comportamentos inadequados, mostrando o que é apropriado. Por isso, a longo prazo, trata-se de uma ótima forma de

Educação e justiça restaurativa

contribuir para o processo de responsabilização pelo próprio comportamento. Dizemos que é a longo prazo porque o comportamento das crianças acaba sendo regulado por fatores externos, bem como por colegas, pais e professores; então, elas não sentem necessidade de se autocontrolar, pois outras pessoas fazem isso por elas. O objetivo maior, contudo, segue sendo o aprendizado da autodisciplina.

A disciplina restaurativa é uma espécie de derivação de outros modelos disciplinares, mas apresenta um caráter preventivo no sentido de refrear comportamentos que possam causar danos pessoais e aos outros, ensinando respostas positivas para eventos desconfortáveis. Assim, contribui para que alunos com comportamentos inadequados possam lidar com as consequências dos atos lesivos que tenham praticado contra colegas, professores e a comunidade escolar. Trata-se de um processo de responsabilização e de aprendizado para o desenvolvimento da autorresponsabilização. Segundo Mullet e Amstutz (2012, p. 28), são objetivos da disciplina restaurativa:

- compreender as consequências de um ato lesivo e desenvolver empatia para com os envolvidos;
- escutar ativamente tanto quem causou um dano quanto quem sofreu um dano, buscando atender às necessidade de ambos;
- estimular o processo de responsabilização pelos próprios atos por meio da autorreflexão e pelo planejamento em um contexto colaborativo;
- contribuir para a reintegração na comunidade escolar do ofensor e, se for o caso, daquele que sofreu o dano;
- construir um ambiente de solidariedade e apoio para o desenvolvimento de uma comunidade saudável e sustentável;
- buscar não retroalimentar o sistema quando ele estimula comportamentos danosos.

A justiça restaurativa na educação traz grandes contribuições para a construção de uma cultura de paz e não violência, criando um ambiente mais solidário, cuidadoso e saudável. Ao se basear na disciplina restaurativa, ela consegue aliar cuidados e limites, promovendo relações baseadas na cooperação, na corresponsabilização e na alteridade.

4.4 Disciplina restaurativa

Uma contribuição muito importante para a justiça restaurativa foi dada por Paul McCold e Ted Wachtel (2003), que apresentaram uma abordagem teórica da justiça restaurativa composta por três marcos conceituais estruturantes: a janela da disciplina social (*social discipline window*), o papel das partes interessadas (*stakeholder roles*) e a tipologia das práticas restaurativas (*restorative practices typology*).

Nesta seção, vamos examinar a **janela da disciplina social**, que contribui muito para a construção de um paradigma restaurativo em contraposição à perspectiva meramente punitiva.

Conforme McCold e Wachtel (2003), o sistema social produz janelas de disciplina social por meio de dois vetores fundamentais: o **controle** e o **apoio**. Quando estamos diante de um ambiente de pouco controle e apoio, trata-se de uma **disciplina social negligente**. Já quando nos deparamos com espaços de excessivo apoio, mas que não cuidam de sua função controladora, temos uma **disciplina social permissiva**. Quando, ao contrário, ocorre um controle excessivo, mas sem cuidado com o apoio, dizemos que existe uma **disciplina social punitiva**. E, por fim, quando um ambiente apresenta uma combinação adequada e cuidadosa entre apoio e controle, temos uma **disciplina social restaurativa**. A Figura 4.3 sintetiza esses conceitos.

Figura 4.3 – Janela da disciplina social

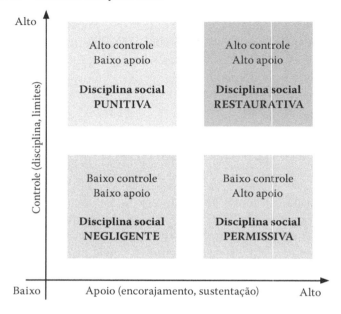

Fonte: Justiça Restaurativa UEM, 2013.

O estudo de Paul McCold e Ted Wachtel (2003) sobre as janelas da disciplina social ganhou importância especialmente pelo fato de conseguir demonstrar a combinação adequada entre controle e apoio, elementos fundamentais para o desenvolvimento do ser humano desde as primeiras etapas da vida. Considerando isso, as escolas devem ser um lugar seguro do ponto de vista emocional e, nesse sentido, as funções de apoio e controle são essenciais para construir relacionamentos saudáveis.

Corroborando essa ideia, Evans e Vaandering (2018, p. 70) enfatizam que "os relacionamentos saudáveis são cultivados quando as pessoas se comunicam de modo respeitoso e partilham o poder a fim de permitir que as necessidades individuais e coletivas sejam atendidas".

Em uma cultura da dominação, comumente o controle é exercido de maneira punitiva, com poucas doses de apoio. Trata-se, portanto, de um **poder sobre** o outro, e não de um **poder com** o outro. O poder sobre o outro não gera responsabilidade e traz consigo um desequilíbrio nas relações. Diferentemente, o poder com o outro transmite a mensagem de partilha, acarretando responsabilidades e gerando uma relação de apoio mútuo.

A aplicação da perspectiva restaurativa na educação estimula relacionamentos de apoio, criando um espaço em que todos têm sua importância e contribuem para o desenvolvimento da comunidade. O envolvimento e a corresponsabilidade em processos mais participativos estabelecem união e dão origem a limites e direções, em uma forma mais orgânica de controle social.

Além disso, o poder sobre o outro inibe a diversidade e a capacidade de *feedback*, elementos fundamentais para processos auto--organizadores. Diferentemente, o poder com o outro é também visto como um processo de sinergia – não se trata de uma propriedade de alguém, mas de um processo do qual todos participam, gerando regulações, aprendizados, responsabilidades e a criação de novas conexões e possibilidades (Macy; Brown, 2004).

Síntese

Neste capítulo, discutimos a importância da educação voltada para o desenvolvimento de novas formas de se relacionar com as pessoas e com o mundo, na busca por construir novos modos de convivência que incluam as diferenças e as incertezas e edificar conexões mais colaborativas e solidárias, em um rompimento com a cultura de guerra e violência.

Vimos que os esforços para a construção de uma sociedade mais justa e solidária, que garanta a paz e promova a cooperação entre os povos, fazem parte de um projeto de educação do século XXI impulsionado pelos danos causados à humanidade, especialmente depois das duas grandes guerras.

Sob essa ótica, mostramos que os fundamentos da justiça restaurativa trazem importantes contribuições para a educação, no sentido de colaborar para a formação de adultos mais solidários e responsáveis.

Por fim, apresentamos a disciplina restaurativa, que consiste em uma das formas de implementar uma educação que forneça uma combinação adequada entre apoio e controle, promovendo o desenvolvimento do ser humano e a construção de uma cultura de diálogo e paz.

Para saber mais

DISKIN, L. **Cultura de paz**: redes de convivência. São Paulo: Senac, 2009. Disponível em: <http://www1.sp.senac.br/hotsites/gd4/culturadepaz/arqs/cartilha.pdf>. Acesso em: 4 maio 2020.

Essa cartilha, desenvolvida por Lia Diskin, traz contribuições fundamentais para a compreensão da importância da educação na construção de uma cultura de paz.

Questões para revisão

1. Em que consiste o princípio da não violência?

2. Explique o que é a janela da disciplina social.

3. Relacione as janelas da disciplina social às respectivas características:
    I) Disciplina social punitiva
    II) Disciplina social restaurativa
    III) Disciplina social negligente
    IV) Disciplina social permissiva

    ( ) Alto apoio e baixo controle.
    ( ) Baixo apoio e alto controle.
    ( ) Alto apoio e alto controle.
    ( ) Baixo apoio e baixo controle.

Agora, assinale a alternativa que apresenta a sequência correta:

a) IV, II, III, I.
b) IV, I, II, III.
c) I, II, IV, III.
d) III, I, IV, II.

4. Neste capítulo, apresentamos os quatro pilares da educação para o século XXI, propostos no Relatório para a Unesco da Comissão Internacional sobre Educação para o Século XXI. Assinale a alternativa que não apresenta um desses pilares:

a) Aprender a fazer.
b) Aprender a conviver.
c) Aprender a aprender.
d) Aprender a ser.

5. Com base no estudo deste capítulo, assinale a afirmativa correta:

a) No paradigma do pensamento complexo, os paradoxos não são aceitos.
b) O termo *ahimsa* significa "cultura de paz".
c) A disciplina restaurativa não busca refrear comportamentos inadequados, mostrando o que é inapropriado.
d) Ensinar a identidade terrena é um dos sete saberes necessários para a educação do futuro, propostos por Edgar Morin.

Questão para reflexão

1. Para esta atividade, acesse o endereço indicado a seguir e faça a leitura do conto "Flor vermelha de caule verde", de Helen Barckley, para que você possa refletir acerca dos aprendizados proporcionados neste capítulo. O objetivo é que você pense a respeito dos processos de aprendizagem: se eles se direcionam para um

horizonte de cuidado e de respeito às diversidades, por meio de um processo emancipatório, ou se estão baseados apenas na dimensão regulatória, de controle e embotamento das capacidades humanas.

BARCKLEY, H. **Conto**: Flor vermelha de caule verde! 2010. Disponível em: <https://edisciplinas.usp.br/pluginfile. php/3255227/mod_resource/content/1/Conto%20-%20Flor%20 vermelha%20de%20caule%20verde.pdf>. Acesso em: 4 maio 2020.

CAPÍTULO 5

Justiça restaurativa na prática

Conteúdos do capítulo:

- Modelos para a aplicação da justiça restaurativa.
- Círculos de construção de paz (processos circulares).
- Conferências de Grupos Familiares.
- Mediação vítima-ofensor.

Após o estudo deste capítulo, você será capaz de:

1. compreender como ocorre a aplicação da justiça restaurativa;
2. diferenciar os modelos práticos de justiça restaurativa;
3. aplicar, conforme o contexto, o modelo dos círculos de construção de paz, a metodologia das Conferências de Grupos Familiares e a mediação vítima-ofensor.

Neste capítulo, apresentaremos as diversas formas de aplicar a justiça restaurativa, ou seja, vamos abordar os modelos de implementação do paradigma restaurativo. Iniciaremos nossa discussão com os processos circulares, propostos por Kay Pranis, que, no período em que atuou no Departamento Correcional de Minnesota, entre 1994 e 2003, contribuiu significativamente para a implementação da justiça restaurativa.

Vamos descrever, também, as Conferências de Grupos Familiares, metodologia que teve início com casos que envolviam o público infantojuvenil em situação de risco. Por meio dessa metodologia, ocorrem a mobilização e o engajamento da família, surgindo, assim, a possibilidade da tomada de decisão e da construção de uma proposta que não desconecte a criança ou o adolescente do meio em que já foram criados vínculos com a comunidade e a família nuclear, mas que, ao mesmo tempo, faça cessar a situação de risco.

Por fim, abordaremos uma das primeiras práticas de justiça restaurativa, que ainda é muito utilizada, a mediação vítima-ofensor (*victim-offender mediation* – VOM).

5.1 Círculos de construção de paz

Os processos circulares propostos por Kay Pranis (2010) tiveram em sua base grande influência de rituais aborígenes e culturas ancestrais que valorizavam o diálogo, considerado o alicerce das relações humanas.

Os círculos de construção de paz (*peacebuilding*) foram fortemente inspirados pelos povos indígenas norte-americanos e canadenses, representando uma possibilidade prática de implementação da justiça restaurativa – inclusive, muito utilizada no Brasil nos programas de justiça restaurativa.

Mais especificamente, os círculos de construção de paz se originaram de círculos de diálogo dos povos indígenas da América do

Norte, em uma experiência com a justiça criminal do Estado de Minnesota. A proposta desses encontros era oferecer um espaço para acolher vítimas de um crime, bem como ofensor e comunidade, em uma parceria com o Poder Judiciário, de modo a criar formas eficazes de lidar com o crime e de promover o bem-estar e a segurança de todos. Nesse sentido, os propósitos desses círculos eram possibilitar a construção de um sistema de apoio para as vítimas de um crime, decidir a melhor sentença para o ofensor, ajudando-o a responsabilizar-se pelos seus atos, e fortalecer o senso comunitário, precavendo futuros crimes.

A base da metodologia circular são as pessoas, tendo em vista a compreensão de que os relacionamentos são poderosos e os espaços de diálogo autêntico podem contribuir imensamente para o desenvolvimento da inteligência emocional, além de prover cura e construir relacionamentos saudáveis.

Por essa razão, esses círculos convidam à autenticidade, ao desvelamento do verdadeiro eu, sem máscaras, pois entre seus princípios está a integridade, entendida como a capacidade de o indivíduo ser o que é em qualquer contexto.

Os processos circulares também foram agregando tecnologias sociais contemporâneas, como métodos de resolução de conflitos, comunicação não violenta, escuta empática qualificada e métodos de construção de consenso, buscando atender às necessidades individuais e grupais.

Considerados uma renovação de práticas tradicionais ancestrais – ou seja, uma combinação do antigo com o novo –, os processos circulares têm na formação de um círculo composto por pessoas seu elemento principal. Isso porque, desde o tempo de nossos ancestrais, que se reuniam em roda para tratar de questões difíceis ou celebrar os fatos da vida, até a contemporaneidade, percebemos que repetimos esse padrão quando as famílias ou os amigos se reúnem em torno de uma mesa, criando um espaço de apoio, resolução de conflitos ou estabelecimento de vínculos.

Assim, Kay Pranis (2010) recontextualizou uma metodologia ou uma tecnologia social muito antiga, com o propósito de agregar pessoas, fortalecer relacionamentos e lidar com questões difíceis que estão emergindo na contemporaneidade.

O círculo traz, em sua própria forma, a ideia de **conexão**. Ainda, a imagem do círculo pode ser entendida como uma metáfora que representa o Universo.

Sabemos que tudo que faz parte da natureza está conectado, isto é, há interconexão entre todos os fenômenos da natureza, e o ser humano faz parte dessa teia de relações interdependentes. Dessa forma, os processos circulares podem ser considerados uma ferramenta que aponta para essa interconexão, reconfigurando conexões ocultas por meio do estabelecimento de valores como solidariedade e cooperação. Infelizmente, esses valores, muitas vezes, são apagados em razão da prevalência de valores advindos do sistema político-econômico, como competição e individualismo, os quais enfraquecem o senso de interconexão (Massa, 2016).

Em um círculo, a horizontalidade das relações se faz presente, e ninguém é mais importante que ninguém. O objeto da palavra, outro elemento dos processos circulares, indica isso vividamente. O ato de sentar em círculo faz emergir o sentido de igualdade e de não linearidade, pois não presume pontos de início e fim. Assim, torna-se possível voltar, ter outra chance de deixar as coisas melhores, de aprender e reaprender.

O círculo também traz uma representação de interconexão profunda, isto é, a ideia de um mundo interconectado. Isso ocorre em razão da percepção sistêmica do mundo, pela qual não podemos fugir daquilo com que estamos conectados. Essa ideia traz em si o princípio da interdependência, como mencionado.

Além do exposto, o círculo constitui a forma geométrica mais adequada para dar voz e visibilidade a todos

> A base da metodologia circular são as pessoas, tendo em vista a compreensão de que os relacionamentos são poderosos e os espaços de diálogo autêntico podem contribuir imensamente para o desenvolvimento da inteligência emocional, além de prover cura e construir relacionamentos saudáveis.

os participantes, por meio do diálogo que se realiza pela contação de histórias.

Nos círculos de construção de paz, cada participante conta uma história significativa a partir de uma pergunta norteadora feita pelo facilitador, e as histórias ajudam os participantes a se conectarem, seja pelas lições aprendidas, seja pelo processo de identificação que ocorre com quem está contando uma história. Nas palavras de Pranis (2010, p. 16), "as histórias unem as pessoas pela sua humanidade comum e as ajudam a apreciar a profundidade e beleza da experiência humana".

O formato dessa metodologia, muito utilizada na aplicação da justiça restaurativa e cujos alicerces e valores estão baseados na sabedoria dos ancestrais, tem como apoio alguns elementos-chave: i) cerimônias; ii) orientações; iii) bastão da fala; iv) facilitação; e v) processo decisório consensual. A seguir, analisaremos cada um deles, além de outros dois que, embora não sejam considerados primordiais, são de bastante importância para essa metodologia: a peça de centro e as perguntas norteadoras.

Cerimônias

Com o intuito de marcar o tempo e o espaço de início e término do processo circular, são utilizadas cerimônias de abertura e de encerramento.

As cerimônias de abertura servem para que, ao adentrarem no processo circular, as pessoas possam se desconectar do ritmo do dia a dia e se conectar em um outro ritmo, centrando a atenção na experiência do momento presente e deixando de lado devaneios ou preocupações que, muitas vezes, tomam conta do padrão de pensamento. A ideia é direcionar a atenção para o que está acontecendo no momento presente. Essa prática também é muito comum nos ensinamentos da atenção plena (*mindfulness*[1]).

De acordo com Pranis (2010, p. 50), "A cerimônia de abertura promove o centramento dos participantes, lembra a cada um os valores

---

[1] Estado mental de atenção ou consciência plena e concentração no momento presente.

centrais do Círculo, limpa as vibrações negativas advindas de fontes de estresse externas, fomenta um clima de otimismo e celebra a presença de todos os integrantes no processo".

Por sua vez, as cerimônias de encerramento marcam o término do encontro, reconhecendo e celebrando o esforço de todos no processo circular, reafirmando a conexão entre os presentes e deixando aberto o espaço para outros encontros.

As cerimônias podem ser as mais diversas possíveis. Assim, podem-se utilizar dinâmicas pertinentes ao grupo e ao tema trabalhado, bem como fazer a leitura de um texto ou proceder à apresentação de um pequeno vídeo. Enfim, trata-se de uma atividade com curta duração e que deve estar harmonizada com o propósito do círculo.

Orientações

As orientações ou diretrizes do processo circular são os compromissos firmados pelo grupo e dizem respeito à maneira como o círculo funcionará e às condutas a serem adotadas tendo em vista o que o grupo entender como importante.

A construção das diretrizes é importante no sentido de possibilitar a edificação de um espaço seguro, coparticipativo e que atenda à necessidade humana de pertencimento. Algumas orientações são essenciais nos processos circulares, como o respeito ao "bastão da fala", o que implica respeitar a fala de cada participante e, ao mesmo tempo, desenvolver uma escuta mais respeitosa e compassiva.

Outra diretriz relevante se refere à confidencialidade, ou seja, à preservação em segredo daquilo que é falado no círculo. Isso ajuda a criar um espaço seguro e acolhedor para a externalização do conteúdo interno dos participantes.

A criação e a execução das orientações não são uma tarefa exclusiva do facilitador; pelo contrário, trata-se de um processo grupal de construção. Além disso, as diretrizes não são regras rígidas, mas apenas lembretes ou contratos relacionais para o bom funcionamento do círculo. Aliás, elas podem ser modificadas no decorrer do processo circular, se isso for importante para o grupo, a fim de que as necessidades sejam atendidas.

Desse modo, a construção das diretrizes ocorre logo no início, na fase preparatória do círculo, sendo que alterações ou novas indicações podem acontecer, se necessário, no decorrer do encontro. A construção das diretrizes é realizada sob consenso, ou seja, todos devem se sentir confortáveis com elas

Bastão da fala

O bastão da fala ou objeto da palavra é um objeto, normalmente escolhido pelo facilitador, que regula o diálogo e a ordem de fala entre os participantes. Ele propicia que todos tenham sua vez de falar, pois vai sendo passado de forma sequencial entre os participantes, cuja exposição ocorre apenas quando estão com o bastão nas mãos. Nas palavras de Pranis (2010, p. 26), "Esse recurso promove plena manifestação das emoções, escuta mais profunda, reflexão cuidadosa e um ritmo tranquilo."

Também é considerado um objeto de poder, pois, quando está nas mãos de uma pessoa, confere-lhe a oportunidade de falar sem que seja interrompida, embora também lhe assegure o direito de nada dizer, ou seja, de passar o bastão adiante ou apenas ficar com ele em silêncio.

A segurança de não ser interrompida enquanto fala ajuda a pessoa a organizar os pensamentos, visto que gera a possibilidade de pausar e reorganizar para, depois, externalizar determinado pensamento ou sentimento, desacelerando o ritmo corrido que normalmente marca as conversas. Esse processo em que se respeita o processamento interno dos pensamentos e dos sentimentos contribui para a organização e a construção de novas perspectivas acerca de um tema.

Além do impacto do objeto da palavra para quem está falando, esse recurso ajuda imensamente os demais a desenvolver uma escuta mais qualificada, ativa e compassiva. Isso porque, quando alguém está falando, os demais devem escutar com atenção focada no momento presente, sem procurar encontrar respostas, justificativas ou elaborar mentalmente uma narrativa para ser proferida roboticamente quando chegar o momento de falar. Esse processo, no entanto, não é tão simples, pois nos acostumamos a não escutar ativamente o outro, em razão de nossa premente necessidade de elaborar uma resposta ou uma solução para o que o outro está falando – é isso que, precisamente, gera desconexão.

A intenção é que todos tenham a mesma oportunidade de falar, independentemente de características pessoais de extroversão, liderança ou comunicabilidade. Além disso, parte-se da premissa de que todos, sem exceção, têm algo a contribuir com o grupo. O bastão, de acordo com Pranis (2010), ajuda a tecer um fio invisível que a todos conecta.

Peça de centro

A peça de centro (Figura 5.1) é uma toalhinha que pode ser feita de tecido ou outro material e serve de suporte para o trabalho realizado no círculo. Também tem a finalidade de servir como ponto de referência ou de apoio aos participantes, ajudando-os a falar e a escutar de maneira mais conectada com o coração, ou seja, com o que está vivo na intimidade de cada um.

Figura 5.1 – Peça de centro

Adriana Accioly Gomes Massa

Além de certos objetos ou materiais a serem trabalhados em atividades no círculo, na peça de centro também podem ser depositados um vaso de flores e outros objetos que sejam significativos para os participantes e que tenham relação com o tema abordado. Alguns facilitadores colocam na peça objetos que representam os quatro elementos da natureza (água, ar, terra e fogo), para mostrar nossa conexão com ela.

Outros elementos que podem ser reunidos sobre a peça de centro são objetos ou tarjetas de papéis que contenham os valores mais importantes para o grupo, além de objetos simbolicamente relevantes para cada participante, o que promove uma visão compartilhada e integrada do grupo, além de ajudar a atender a necessidade humana de pertencimento e inclusão.

É importante ressaltarmos que, apesar de a peça de centro ser um dos elementos do processo circular, ela não deverá ser utilizada quando sua presença for motivo de desconfiança ou de não participação

Facilitação

O facilitador ou guardião é o responsável por mediar, facilitar o círculo, contribuindo para que o grupo possa criar e manter um espaço seguro, criativo e coletivo, a fim de que todos se expressem de maneira franca, aberta e respeitosa. O papel do facilitador não é controlar o ritmo e a condução do círculo, mas gerar reflexões por meio de perguntas ou propostas.

Portanto, a função do facilitador não é apresentar soluções ou controlar o processo grupal. Pelo contrário, ele deve ajudar os indivíduos presentes a acessar sua sabedoria, promovendo a inteligência coletiva do grupo. Assim, sua posição não deve ser de neutralidade (se é que ela verdadeiramente existe), tampouco lhe cabe manter um distanciamento "clínico" em relação aos participantes. Sua função é, sim, acolher afetuosamente a todos, com cuidado e respeito, focando mais os processos empáticos do que o julgamento ou a postura prescricional.

No próximo capítulo, que trata das habilidades sociais, o tema da facilitação será abordado em mais detalhe.

Perguntas norteadoras

Normalmente, no início das rodadas, isto é, do processo de diálogo orientado pelo objeto da palavra, temas ou perguntas norteadoras devem estar presentes. O propósito de uma pergunta norteadora é estimular ou fomentar a contação de histórias ou o diálogo acerca do tema principal do círculo.

Temáticas ou questionamentos abertos e poderosos são aqueles que não restringem a resposta; pelo contrário, dão vazão a respostas abertas, ou seja, à tomada de consciência por parte dos participantes acerca de si mesmo, facilitando a expressão de emoções, ideias e valores.

Nesse sentido, perguntas bem formuladas podem ajudar os participantes a falar das próprias experiências, a compartilhar histórias significativas, a expressar emoções e sentimentos e a falar em primeira pessoa.

Processo decisório consensual

Nem todos os processos circulares têm como propósito a tomada de decisão. Porém, quando o objetivo é este, a decisão deve ser consensual.

Nos processos decisórios, por consenso, é necessário contemplar as necessidades e os interesses de todos os participantes. Embora não sejam processos simples, são possíveis, desde que seja criado um ambiente propício à escuta profunda e respeitosa. Portanto, o desafio dos processos decisórios é, justamente, atender às necessidades individuais e, também, dos outros participantes e do grupo, o que requer uma postura mais exploratória e de abertura, em vez de uma atitude persuasiva.

Conforme Pranis (2010), os processos decisórios consensuais são geralmente mais eficazes e sustentáveis, apesar de, muitas vezes, exigirem um maior tempo de investimento.

Como o círculo também representa a liderança compartilhada, além da conexão, da igualdade e da inclusão, ele favorece o desenvolvimento da responsabilidade compartilhada e da coparticipação, contribuindo para o êxito na execução das decisões construídas consensualmente.

5.1.1 Fundamentos dos processos circulares

A metodologia circular não tem valores predefinidos, pois estes são construídos no processo circular e de maneira compartilhada. Isso ocorre porque essa metodologia tem como princípio o desejo humano universal de estar conectado positivamente aos outros. Nesse sentido, é importante compreendermos que os valores pessoais norteiam atitudes e comportamentos e podem estar relacionados à mentalidade ou à cultura vigente.

A esse respeito, Fritjof Capra (2002, p. 159) destaca que "ganhar dinheiro é o valor máximo do capitalismo global, [e] os representantes deste procuram sempre que possível eliminar as legislações ambientais com a desculpa do 'livre comércio', para que as mesmas legislações não prejudiquem os lucros". Nesse aspecto, Capra (2002) ressalta que, apesar de a dignidade humana e a vida serem consideradas valores universais, as atitudes e os comportamentos presentes na atualidade são social e ecologicamente insustentáveis e incompatíveis com os valores tidos como universais.

Isso é interessante, uma vez que muitos facilitadores que atuam em ambientes hostis – como no sistema penitenciário, por exemplo – relatam que os valores apresentados pelas pessoas em situação de aprisionamento são semelhantes aos indicados por professores ou por outros grupos de pessoas. O que difere é como cada um age levando em consideração determinado valor.

Sob essa ótica, Pranis (2010, p. 40) esclarece que há uma estrutura axiológica comum, ou seja, "valores que nutrem e promovem um vínculo benéfico com o outro". Assim, a diferença está na maneira como cada grupo explicita os valores em seu comportamento.

Nessa perspectiva, a construção de diretrizes de maneira coletiva e consensual é uma oportunidade de aprender como colocar em ação determinado valor, ou seja, de alinhar o comportamento aos valores apresentados.

Dessa forma, podemos considerar que os valores geram comportamentos, se os entendermos como motivações inerentes àquilo que realmente importa, isto é, trata-se de motivações intrínsecas, que têm base em valores pessoais.

Ainda, quanto aos fundamentos do processo circular, eles incluem vários pressupostos que estão integrados à natureza do Universo, segundo os quais tudo está conectado, sendo impossível isolar ou separar algo ou agir sem impactar o todo. Na esteira desse raciocínio, Carolyn Boyes-Watson e Kay Pranis (2011) apresentam sete pressupostos centrais norteadores dos processos circulares, a saber:

I. Dentro de cada um de nós está o verdadeiro eu: bom, sábio e poderoso.
II. O mundo está profundamente interconectado.
III. Todos os seres humanos têm um profundo desejo de estar em bons relacionamentos.
IV. Todos os seres humanos têm dons, e cada um é necessário pelo dom que traz.
V. Tudo de que precisamos para fazer mudanças positivas já está aqui.
VI. Os seres humanos são holísticos.
VII. Nós precisamos de práticas para criar hábitos de viver a partir do eu verdadeiro.

Tais pressupostos ressaltam a interconexão e o reconhecimento da importância de cada ser humano, fundamentando-se em culturas dos primeiros povos nativos – importância atualmente validada pela física quântica.

Além de seus pressupostos, cabe destacar como alicerce do processo circular a roda da medicina (Figura 5.2), que se baseia nos ensinamentos dos indígenas nativos do Canadá. Esses indivíduos, além de integrarem as dimensões da experiência humana (física, mental, emocional e espiritual), também trazem como base as dimensões do processo coletivo, sendo que os dois primeiros quadrantes da roda representam a dimensão do coração (a conexão consigo mesmo e a conexão com o outro). Por sua vez, os dois últimos quadrantes estão presentes na dimensão da razão e consistem em tratar de temas difíceis e construir planos e soluções coletivamente.

Figura 5.2 – Roda da medicina

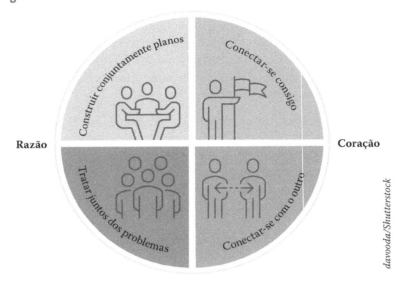

Fonte: Elaborada com base em Pranis, 2010.

Normalmente, quando nos deparamos com situações difíceis ou conflitos, não observamos os dois primeiros quadrantes, inerentes à dimensão do coração. Partimos direto para a dimensão da razão, sem abrir espaço para nos conectarmos conosco e com aqueles envolvidos na situação conflituosa.

A proposta da roda da medicina é primeiro trabalhar os relacionamentos e depois os conflitos. Coração e espírito, bem como mente e corpo, são trabalhados em círculo, para explorar e conectar, e não para conquistar ou colonizar.

Assim, a efetividade dos círculos depende muito de acessarmos a sabedoria coletiva, pois ela é comumente mais eficaz. Dessa forma, o papel do facilitador é fundamental. O que se exige dele é que se estabeleça em um "espaço" chamado pela sociedade de *incompetência*, isto é, o lugar daquele que não sabe as respostas. Mas é justamente nesse lugar que damos espaço para a sabedoria coletiva.

Trata-se, certamente, de um lugar bem desconfortável. A depender da posição atingida pelo facilitador em sua vida profissional ou pessoal, torna-se mais ou menos difícil desconstruir essa roupagem do "sabe tudo", daquele que tem todas as soluções e respostas. Isso ocorre porque quem detém as respostas detém também o poder e, geralmente, possui *status* e bom salário.

Esse modelo proposto não se baseia na *expertise* individual, mas na coletiva. É preciso, portanto, modificar o funcionamento do sistema a fim de abrir espaço para a manifestação da inteligência coletiva.

Da mesma forma, essa proposta também não está baseada em um raciocínio intelectual linear, e sim em um pensamento complexo e sistêmico, o que igualmente não é tão fácil de desenvolver, pois, muitas vezes, valorizamos socialmente o conhecimento mais racional (uma racionalidade chamada *instrumental*), deixando para trás outras formas de racionalidade e sabedoria tão importantes quanto a racionalidade instrumental, a qual, sem dúvida, também é relevante, haja vista todas as tecnologias benéficas a toda a sociedade que nos possibilitou desenvolver.

Sob essa ótica, Kay Pranis (2010), no desenvolvimento de seu trabalho e da metodologia circular, utilizou-se do aprendizado e da experiência indígena, que lhe ajudaram a acessar outros saberes advindos da observação e da experiência de vida.

Para finalizar esta seção, convém relembrar, de forma sintética, as etapas da metodologia circular proposta por Pranis (2010) para a implementação de círculos de construção de paz:

- Cerimônia de abertura
- Peça de centro
- Discussão de valores e orientações
- Objeto da palavra
- Perguntas norteadoras
- Cerimônia de fechamento

É importante destacarmos que essas etapas podem ser alteradas conforme o contexto e a finalidade do círculo. Por exemplo, em um círculo de resolução de conflitos, a etapa concernente ao processo decisório consensual deve acontecer antes da cerimônia de encerramento.

5.2 Conferências de Grupos Familiares

As Conferências de Grupos Familiares podem ser consideradas uma metodologia conversacional que teve início com o Sistema de Justiça Infantojuvenil. Elas envolvem a presença de coordenador, vítima, ofensor, sistema de apoio e comunidade, com o propósito de gerar um diálogo que busque alternativas para reparar danos e pensar em possibilidades de proteção e bem-estar de crianças e adolescentes em situação de risco ou com envolvimento em atos infracionais.

Tal proposta surgiu como resposta à população maori, composta por aborígenes neozelandeses que manifestavam preocupação com os serviços sociais da Nova Zelândia, especialmente pelo fato de sua cultura não ser reconhecida, tampouco os interesses de suas famílias e de sua comunidade. Nas palavras de Smull, Wachtel e Wachtel (2013, p. 8), eles "acreditavam que, quando suas crianças eram retiradas de suas casas, com muita frequência perdiam a conexão que tinham com a sua cultura e a sua comunidade".

A retirada da criança em situação de risco da família e de sua comunidade ocorria após uma avaliação e a recomendação unilateral a um juiz feita por um assistente social, sem o engajamento da família.

Assim, as Conferências de Grupos Familiares foram criadas com a intenção de dar respostas às preocupações advindas da forma como vinham sendo tratados os casos de crianças que corriam risco, especialmente entre os maoris.

Foi sob essa ótica que, em 1989, foi implementada na Nova Zelândia uma lei que concedia às crianças e aos adolescentes em situação de risco, na iminência de serem retirados de suas famílias, a possibilidade de participarem de reuniões para desenvolverem uma proposta alternativa a essa ação. Essa possibilidade legal estimulou a criação do que se denominou *Conferência de Grupo Familiar* (em inglês, *Family Group Conference* – FGC).

Com o advento da FGC, em vez de uma recomendação unilateral de um assistente social a um juiz, um coordenador da conferência é escolhido para ajudar a organizar uma reunião familiar e estruturar o diálogo (Smull; Wachtel; Wachtel, 2013). O mais interessante dessa proposta é que os assistentes sociais ou outros profissionais que atuam como coordenadores, depois de darem explicações à família sobre as expectativas em pauta, os serviços e os recursos governamentais disponíveis para apoiar a proposta a ser construída, deixam a sala para que os participantes (família nuclear, família extensa e sistema de apoio – amigos e vizinhos, por exemplo) tenham a oportunidade de conversar e se responsabilizar pela construção do proposta (Smull; Wachtel; Wachtel, 2013).

Apesar de a proposta das conferências ser simples, elas foram revolucionárias ao permitirem às famílias elaborar um plano para si mesmas, contribuindo para evitar que muitas crianças fossem colocadas em lares de adoção temporária fora de suas comunidades. Esse movimento representou uma quebra de paradigma, especialmente no âmbito do serviço social, rompendo com a antiga (apesar de bem-intencionada) noção de que as pessoas precisavam de soluções externas e que os profissionais tinham respostas melhores.

Logo, o pensamento que envolve a FGC abrange valores como respeito, corresponsabilização e colaboração, além de presumir que "profissionais existem para apoiar as famílias para que estas possam ajudar a si mesmas. O trabalho do assistente social não é resolver problemas pelas famílias, mas engajar-se em um diálogo frutífero e apoiar a mudança" (Smull; Wachtel; Wachtel, 2013, p. 10). De fato, trata-se da prática de uma proposta emancipatória.

Em 2011, a Holanda também promulgou uma lei que permitiu às famílias terem a oportunidade de construir o próprio planejamento antes de o governo retirar crianças do ambiente familiar. Conforme expõem Smull, Wachtel e Wachtel (2013), a Holanda foi o segundo país a regulamentar a FGC.

De acordo com Meirelles e Yazbek (2014), outros países também passaram a adotar as conferências familiares, entre eles a Austrália e a África do Sul, porém, neste último, as conferências são desvinculadas do sistema judiciário ou de garantia de direitos. Assim, elas se fazem presentes nas comunidades e têm o propósito de resolver conflitos e lidar com transgressões das mais diversas gravidades. São conferências comunitárias nas quais se utiliza a metodologia Zwelethemba (Meirelles; Yazbek, 2014).

Essa metodologia tenciona promover o protagonismo de pessoas, comunidades e organizações na construção de comunidades e cidades mais justas e seguras, por meio de um processo de corresponsabilização que envolve todos na resolução de conflitos e tomadas de decisões com um objetivo maior e prospectivo: estabelecer condições para a paz (Pedroso; Daou, 2014).

Mas, na prática, como a FGC funciona? Inicialmente, ela conta com um coordenador, o qual deve despir-se de posturas autoritárias ou de poder sobre o outro tradicionalmente adotadas, especialmente no sistema de justiça. É fundamental que os coordenadores ajam no sentido de criar espaços e condições para que as famílias possam atuar colaborativamente na tomada de decisões, valorizando os pontos fortes desses grupos.

Nesse sentido, sua atuação deve residir no engajamento e na mobilização da família, e não na tomada de decisões. Seu papel é, portanto, o de planejador. É ele quem organiza a reunião familiar restaurativa, buscando contatar e reunir a família nuclear, sua extensão e seu sistema de apoio, além de, quando for conveniente, profissionais do sistema infantojuvenil que podem contribuir para a tomada de decisões.

Dessa forma, o coordenador atua na preparação para que a reunião restaurativa seja bem-sucedida. Ele inicia seu trabalho entrando em contato com a pessoa que indicou o caso, a fim de definir o propósito da reunião e de esclarecer os motivos para tal encaminhamento. Em seguida, ele deve esclarecer, especialmente, que a família terá liberdade na construção do plano, pois ela precisa se sentir ativa no processo; caso contrário, perceberá a situação como uma formalidade superficial e não se engajará verdadeiramente.

Na sequência, cabe a ele entrar em contato com a família nuclear para esclarecer o procedimento e identificar a família extensa e o

sistema de apoio, com quem também entrará em contato. Os contatos iniciais contemplam amplamente os relacionamentos que envolvem a criança, conforme podemos observar no diagrama de níveis de conexão, exposto na Figura 5.3.

Figura 5.3 – Diagrama de níveis de conexão

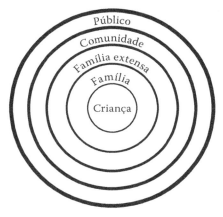

Fonte: Smull; Wachtel; Wachtel, 2013, p. 56.

Na preparação, é importante abordar com as famílias as preocupações em relação ao processo e ao funcionamento da FGC, devendo-se ressaltar que não se trata de um processo interventivo, em que o governo toma decisões *por* e *para* elas. Pelo contrário, trata-se de um processo emancipatório, por meio do qual elas terão a liberdade de expor opiniões e ideias. Logo, apresenta-se uma oportunidade de deixar para trás o passado e de escolher novas direções, com as quais o coordenador poderá contribuir esclarecendo o sistema de apoio existente (serviços e programas, por exemplo).

É essencial, ainda, promover a preparação das crianças, incluídas no processo de reuniões restaurativas, já que elas representam a principal razão para a reunião familiar. Elas também têm o direito de se expressar. Na preparação da criança, portanto, o coordenador deve ser honesto e transparente.

A participação da criança nas reuniões restaurativas é de grande importância e não tem requisito de idade, porém pode gerar dúvida em relação à forma como a criança poderá participar. Nesse sentido, o coordenador pode fornecer a ela materiais como papéis, canetinhas, livros e brinquedos, para que em determinados momentos ela também possa se entreter com outras coisas. Existe até mesmo a possibilidade de chamar uma pessoa exclusivamente para assumir os cuidados com a criança.

Por sua vez, o sistema de apoio diz respeito a todos aqueles que podem ajudar os integrantes da família a se sentirem mais seguros, dando-lhes apoio e auxiliando-os na tomada de decisão. Logo, são pessoas de confiança da família, em vez de profissionais sem qualquer vínculo afetivo.

A reunião se divide nas seguintes etapas: i) compartilhamento de informações; ii) apresentações, compartilhamentos de informações e pontos principais; iii) tempo para a família encontrar as próprias soluções; e iv) apresentação do plano.

Após a reunião restaurativa, o coordenador deve digitar e distribuir o plano, o que pode ocorrer em um dia diferente do da reunião. A ideia é que todos possam compartilhar o monitoramento da implementação do plano. Desse modo, reuniões posteriores, para monitoramento e acompanhamento do plano, também podem se fazer necessárias.

5.3 Mediação vítima-ofensor

A mediação é uma prática muito utilizada nos países com experiências em justiça restaurativa, possivelmente em razão de seu tempo de aplicação, considerando-se que a primeira experiência em justiça restaurativa foi uma mediação entre vítima e ofensor que ocorreu em 1974, em Kitchener, Ontário, no Canadá, como mencionamos anteriormente.

Isso também se deve ao histórico da mediação, que surgiu (como conhecida atualmente) nos Estados Unidos, na década de 1970, e começou a se disseminar por vários outros países. Nesse país, ela foi desenvolvida em uma metodologia específica na Universidade de Harvard, estabelecendo-se como um modelo próprio de mediação (Nazareth, 2009).

Na Europa, a mediação teve início na Grã-Bretanha, no fim dos anos 1970, por meio de advogados independentes. Já na França, foi estimulada pela figura do *ombudsman*, que exercia uma função de intermediário entre cidadãos e órgãos governamentais. Em 1995, a mediação foi instituída na França como obrigatória antes de qualquer processo judicial. Por sua vez, em Portugal, ela ganhou força a partir da década de 1990, com a criação do Instituto Português de Mediação Familiar, concebido por uma junta interdisciplinar composta de psicólogos, terapeutas familiares, magistrados e juristas (Nazareth, 2009).

A mediação penal na Europa é compreendida pelos princípios da justiça restaurativa, sendo essa terminologia adotada como um grande "guarda-chuva", pois envolve a mediação vítima-ofensor, a mediação penal, a mediação penitenciária, círculos, reuniões e conferências (Azevedo, 2005).

Na América Latina, conforme exposto por Nazareth (2009), a Colômbia foi pioneira no uso da mediação, realizando um importante trabalho de conciliação extrajudicial que se propagou pelos países vizinhos. E foi justamente na América Latina que a mediação comunitária tomou força, oferecendo serviços voltados aos povos nativos, bem como a comunidades tradicionais e a associações de bairros, entre outros.

Nos países orientais, a mediação também é praticada desde a Antiguidade e até hoje é empregada em grande escala, principalmente na China e no Japão (Moore, 1998).

No Brasil, no âmbito penal, em 1832, em disposição provisória acerca da administração da justiça civil, o Código de Processo Criminal incluiu a conciliação, prevendo sua utilização perante qualquer juiz de paz, mesmo que fosse em lugar diverso da residência do réu.

Além da previsão na Constituição Federal (1988), que estimula a utilização dos métodos consensuais de solução de conflitos, a institucionalização dos juizados especiais, pela Lei n. 9.099, de 26 de setembro de 1995 (Brasil, 1995), também fortaleceu a mediação no âmbito criminal, por meio do instituto da transação penal, um acordo firmado entre o Ministério Público e a pessoa acusada de um crime de menor potencial ofensivo (crimes com pena de até dois anos).

Santos (2007a) ressalta que, no Brasil, algumas inovações institucionais foram o resultado de movimentos de construção de uma justiça democrática de proximidade, destacando o avanço do texto constitucional de 1988, que possibilitou a experiência da justiça itinerante, da justiça comunitária, da ampliação dos métodos autocompositivos de solução de conflitos, da mediação, da conciliação judicial e extrajudicial e, sobretudo, dos juizados especiais.

A mediação de conflitos pode ser considerada um método de resolução de conflito intermediado por um terceiro imparcial, com o propósito de atingir a satisfação dos interesses e necessidades apresentados pelas partes envolvidas em um conflito (Sampaio; Braga Neto, 2007).

De acordo com Moore (1998, p. 22, grifo do original), a "**mediação** é um prolongamento ou aperfeiçoamento do processo de negociação que envolve a interferência de uma aceitável terceira parte, que tem um poder de tomada de decisão limitado ou não autoritário".

Por sua vez, Vasconcelos (2014, p. 54) assim define a mediação:

> método dialogal de solução ou transformação de conflitos interpessoais em que os mediandos escolhem ou aceitam terceiro(s) mediador(es), com aptidão para conduzir o processo e facilitar o diálogo, a começar pelas apresentações, explicações e compromissos iniciais, sequenciando com narrativas e escutas alternadas dos mediandos, recontextualizações e resumos do(s) mediador(es), com vistas a se construir a compreensão das vivências afetivas e materiais da disputa, migrar das posições antagônicas para a identificação dos interesses e necessidades comuns e para o entendimento sobre as alternativas mais consistentes, de modo que, havendo consenso, seja concretizado o acordo.

Desse modo, a mediação, na esfera penal, pode ser entendida como um espaço seguro criado para o diálogo entre vítima e ofensor, com vistas à reparação do dano sofrido pela vítima. Logo, na mediação vítima-ofensor, o mediador também não deve propor um acordo ou uma forma de reparação do dano, mas apenas facilitar o diálogo entre os envolvidos (Achutti, 2014). Existem algumas variações na aplicação da mediação vítima-ofensor, que pode ocorrer por meio de

> um encontro cara a cara (*face-to-face meeting*), entre vítima e ofensor, ou de forma indireta, com o mediador funcionando como um **mensageiro** entre vítima e ofensor. A maioria dos programas de mediação prevê a participação apenas dos protagonistas (vítima e ofensor), enquanto alguns permitem que membros das comunidades de apoio das partes (*communities of care*) sejam incluídos. (Achutti, 2014, p. 78, grifo do original)

Conforme Azevedo (2005), a mediação entre a vítima e o infrator oferece uma oportunidade de ambos se reunirem em um ambiente seguro e estruturado, acompanhados por um mediador, criando a possibilidade de que construam um plano de ação para abordar o conflito e resolvê-lo.

Apesar da possibilidade de a mediação vítima-ofensor envolver outras pessoas, conforme já mencionamos, ela tradicionalmente envolvia apenas vítima e ofensor, o que acarretava limitações para a prática, além de gerar alguma confusão com relação ao conceito de justiça restaurativa como sendo atrelado apenas à técnica da mediação. Tais limitações levaram à construção de novas práticas, as quais permitiram também a ampliação da concepção de justiça restaurativa (Achutti, 2014).

Síntese

Neste capítulo, vimos que as primeiras experiências de justiça restaurativa ocorreram por meio da técnica de mediação, a qual promove um encontro entre vítima e ofensor facilitado por um terceiro imparcial, chamado de *mediador* ou *facilitador*, responsável por criar condições para o diálogo entre os envolvidos, com vistas à reparação dos danos causados e ao atendimento das necessidades da vítima e do ofensor.

Além da mediação, outras abordagens foram sendo desenvolvidas com base no paradigma restaurativo, entre elas os círculos de construção de paz (*peacebuilding*) e as Conferências de Grupos Familiares.

Evidenciamos que os círculos de construção de paz, difundidos especialmente por Kay Pranis, propositora dos processos circulares, também representam uma proposta de oferecer espaço para o diálogo entre vítima e ofensor, porém envolvendo a comunidade e o sistema de apoio tanto da vítima como do ofensor, por meio de elementos que ajudam a desenvolver a empatia e a criar um espaço seguro, como o bastão da fala e o formato circular.

Além disso, destacamos o propósito com que foram criadas as Conferências de Grupos Familiares, uma metodologia desenvolvida com o objetivo de que as famílias que estivessem na iminência de ter seus filhos colocados em instituições de acolhimento ou em famílias substitutas pudessem contar com o auxílio da família extensa e da comunidade, a fim de elaborar um plano que evitasse essa desconexão com as crianças.

Para saber mais

BOYES-WATSON, C.; PRANIS, K. **No coração da esperança**: guia de práticas circulares – o uso de círculos de paz para desenvolver a inteligência emocional, promover a cura e construir relacionamentos saudáveis. Tradução de Fátima De Bastiani. Porto Alegre: Tribunal de Justiça do Rio Grande do Sul/Departamento de Artes Gráficas, 2011.

Nessa obra, você poderá acessar vários roteiros para a aplicação dos círculos de construção de paz, além de conhecer melhor a proposta metodológica vinculada a esses círculos.

SLAKMON, C.; DE VITTO, R. C. P.; PINTO, R. S. G. (Org.). **Justiça restaurativa**. Brasília: Ministério da Justiça; PNUD, 2005.

Nessa coletânea, o Ministério da Justiça e o Programa das Nações Unidas para o Desenvolvimento (PNUD) reuniram vários estudiosos e pesquisadores da justiça restaurativa que, além de indicarem os fundamentos teóricos dessa abordagem, apresentam várias propostas metodológicas para a implementação prática da justiça restaurativa.

Questões para revisão

1. Em que consistem os círculos de construção de paz?

2. Em que contexto as Conferências de Grupos Familiares foram criadas?

3. Considerando o diagrama de níveis de conexão, utilizado para mapear os relacionamentos que envolvem a criança, assinale a alternativa que indica corretamente os atores sociais a ele vinculados:

    a) Família nuclear, família extensa, juiz e comunidade.
    b) Família nuclear, família extensa e comunidade.
    c) Apenas as famílias nuclear e extensa.
    d) Juiz, assistente social da Vara da Infância e família nuclear.

4. Marque a alternativa que **não** apresenta uma das etapas das Conferências de Grupos Familiares:

    a) Compartilhamento de informações.
    b) Tempo para a família encontrar as próprias soluções.
    c) Utilização da peça de centro e do bastão da fala.
    d) Apresentação do plano.

5. Com relação às metodologias restaurativas abordadas neste capítulo, assinale a alternativa correta:

   a) Os *peacebuildings* são utilizados especialmente para casos que envolvam crianças na iminência de serem retiradas de suas famílias por estarem em situação de risco.
   b) Todas as metodologias apresentadas no capítulo estimulam o diálogo, o protagonismo dos participantes e a corresponsabilização pelo processo restaurativo.
   c) A mediação, apesar de ter sido inserida mais recentemente no âmbito da justiça restaurativa, é eficaz na promoção do diálogo entre os envolvidos, buscando reparar danos e atender a necessidades.
   d) A mediação não pode envolver outras pessoas além da vítima e do ofensor.

Questão para reflexão

1. Vamos refletir sobre um dos sete pressupostos centrais dos processos circulares, que contemplam ideias básicas sobre a natureza humana. Os demais pressupostos você poderá consultar na obra *No coração da esperança: guia de práticas circulares – o uso de círculos de paz para desenvolver a inteligência emocional, promover a cura e construir relacionamentos saudáveis*, de Carolyn Boyes-Watson e Kay Pranis (2011), indicada na seção "Para saber mais" deste capítulo. Em sua reflexão, procure perceber o quanto esse pressuposto está presente ou não em suas relações.

Todos os seres humanos têm um profundo desejo de estarem em bons relacionamentos

Nós acreditamos que todas as pessoas querem amar e ser amadas e que todas as pessoas querem ser respeitadas. Pode ser que não demonstrem isso em seu comportamento, particularmente quando não foram amadas e respeitadas pelos outros. Mas, em nosso cerne, em nosso centro, nós todos desejamos ter um bom relacionamento com os outros.

> Nós temos de parar de pensar na natureza humana como um problema. A natureza humana é a benção, não o problema. Em nossa cultura, nós temos a tendência a focar no lado ruim da conduta humana.
>
> Enquanto a ganância, a raiva, o medo e a inveja humana são a fonte real de muito sofrimento para outros seres humanos, isso é somente metade da história humana.
>
> Hoje, em nossa cultura, nós temos uma grande necessidade de lembrar o fato impressionante da bondade humana. (Boyes-Watson; Pranys, 2011, p. 24, grifo do original)

CAPÍTULO 6

Habilidades sociais dos facilitadores de justiça restaurativa

Conteúdos do capítulo:

- O papel do facilitador.
- Abordagem centrada na pessoa.
- A importância da empatia.
- A comunicação não violenta e o princípio da não violência.

Após o estudo deste capítulo, você será capaz de:

1. reconhecer as habilidades comunicacionais e relacionais necessárias para o facilitador;
2. identificar habilidades empáticas;
3. compreender a importância do desenvolvimento da inteligência social e emocional;
4. diferenciar os processos de comunicação não violenta de outros processos comunicacionais.

Neste capítulo, trataremos dos elementos fundamentais para o processo de facilitação dos círculos restaurativos com base em estudos acerca das habilidades emocionais e sociais, como empatia, comunicação, inteligência social e emocional. Além disso, discutiremos abordagens que facilitam o diálogo e a empatia, entre as quais está a proposta apresentada por Carl Rogers, denominada *abordagem centrada na pessoa*, que serviu de base para a elaboração do conceito de comunicação não violenta e compassiva.

A abordagem centrada na pessoa trouxe diversas contribuições para a atuação do facilitador, como o desenvolvimento de habilidades para facilitar processos dialógicos e empáticos, de tomada de decisões e de construção de consenso, pois trabalha com elementos como autenticidade, coerência, aceitação no sentido do não julgamento, habilidades apreciativas, compreensão e empatia.

Ainda, o desenvolvimento da empatia é tão importante para os facilitadores de justiça restaurativa que esse tema será tratado em seção própria. E, por fim, tendo em vista o foco no desenvolvimento de habilidades comunicacionais, descreveremos a metodologia da comunicação não violenta, proposta por Marshall Rosenberg.

6.1 O facilitador de processos restaurativos e a abordagem centrada na pessoa

Com base nos ensinamentos de Carl Rogers, que propôs a abordagem centrada na pessoa, o desenvolvimento do facilitador de processos de restauração ou regeneração intra e interpessoal deve contemplar um profundo processo de autoconhecimento. Isso porque fomos educados no seio de uma cultura patriarcal de dominação, a qual nos leva a rotular, julgar ou opinar sobre o que é melhor para o outro. Tal condicionamento está vinculado a manobras de controle e poder que aprendemos dentro dessa cultura. Ademais, comumente, quando nos deparamos com pessoas envolvidas em situações de conflito, voltamos nosso foco para o problema, e não para as pessoas.

Assim, o primeiro ensinamento da abordagem centrada na pessoa é ter **foco na pessoa, e não no problema**, pois o objetivo deve ser o desenvolvimento da pessoa. Assim, para criar um clima que possibilite a liberação da capacidade individual de compreender e conduzir a própria vida, é importante que o facilitador desenvolva algumas habilidades específicas.

A primeira habilidade é **reaprender a ser autêntico, ser congruente**. O termo *reaprender* diz respeito, exatamente, ao sentido de aprender novamente uma outra forma de se relacionar, pois o aprendizado cultural é permeado por muita repressão, especialmente emocional.

Como dito, tal condicionamento é parte de uma cultura patriarcal. Nas escolas, por exemplo, ocorre o embotamento das dimensões criativa e autêntica, por meio de um processo disciplinador pautado no controle e no poder sobre o outro. A própria necessidade de termos certeza está relacionada à questão de domínio e controle sobre o outro, típica da cultura patriarcal em que estamos inseridos.

Nesse sentido, ao procurar desenvolver habilidades que possibilitem atuar com mais congruência e veracidade, o facilitador precisa compreender a si mesmo, suas repressões e suas crenças, ou seja, encontrar a si mesmo para conseguir encontrar o outro.

Quanto mais o facilitador for ele mesmo na relação, sem adotar uma fachada profissional, maior será a possibilidade de as pessoas que participam do processo restaurativo se modificarem, atribuírem novos significados às práticas vivenciadas. Quando há autenticidade por parte do facilitador, isso significa que ele está vivendo abertamente os sentimentos e as atitudes que estão fluindo no momento da facilitação.

Ainda, nas palavras de Rogers (2001, p. 13), quando uma pessoa se depara com alguém "apreciando e valorizando mesmo os aspectos ocultos e desagradáveis que foram expressos, ela vivencia apreço e afeição por si mesma". Em termos práticos, isso significa que, quando alguém está sofrendo ou sentindo um desconforto emocional, o facilitador "é capaz de sentir ternura, compaixão ou compreensão. Mas em outros momentos do relacionamento, pode sentir tédio, raiva, ou mesmo medo" (Rogers, 2001, p. 10). Logo, quanto mais consciência o facilitador tiver do próprio eu e conseguir assumir e expressar seus sentimentos, tanto positivos quanto negativos, mais ele poderá auxiliar, pois são esses os elementos "que promovem ajuda, quando expressos, e não as opiniões e julgamentos sobre a outra pessoa" (Rogers, 2001, p. 10).

Sob essa ótica, na medida em que o facilitador consegue ser ele mesmo, acaba comunicando tacitamente ao outro que está ali tal como é, sem nenhum processo de controle. Da mesma forma, quando as pessoas participam de um processo restaurativo com um facilitador que apresenta essa característica, elas tendem a descobrir a mesma liberdade, a de poder ser como são, instaurando-se, assim, um espaço máximo para ser.

> O primeiro ensinamento da abordagem centrada na pessoa é ter foco na pessoa, e não no problema, pois o objetivo deve ser o desenvolvimento da pessoa. Assim, para criar um clima que possibilite a liberação da capacidade individual de compreender e conduzir a própria vida, é importante que o facilitador desenvolva algumas habilidades específicas.

Esse processo é considerado empático porque compreende não apenas a empatia com o outro, mas também a autoempatia. Tendo em vista a importância dessa característica nos processos de facilitação, vamos abordá-la mais profundamente na Seção 6.2.

A segunda habilidade importante para a criação de um ambiente propício a mudanças é **desenvolver aceitação, atenção e apreciação**. A **aceitação** se refere a uma postura positiva, de abertura em relação às pessoas que estão participando da facilitação. Envolve uma conduta de não julgamento ou de não rotulação, a fim de se criar um espaço para vivenciar qualquer sentimento – confusão, ressentimento, medo, raiva, coragem, amor ou orgulho.

A aceitação é também uma postura de atenção não possessiva, incondicional e plena, no sentido de estar presente, atento, sem exercer nenhum tipo de manipulação ou controle no relacionamento estabelecido. Trata-se, portanto, de uma **atenção** sem julgamento ou avaliação, que permite às pessoas assumirem decisões acerca da sua própria vida, sem imposições. E, por fim, deve haver a **apreciação**, que difere do *feedback*, pois encerra uma conotação positiva e apreciativa, evidenciando valores ou ações positivas sem julgamento.

A terceira das habilidades a serem destacadas aqui corresponde à **compreensão empática**. Isso significa que o facilitador deve sentir precisamente os sentimentos e os significados pessoais que estão sendo vivenciados pelas pessoas, considerando que elas comunicam tais elementos em uma linguagem diferente, que só é possível compreender por meio de um profundo estado de atenção, sem julgamento ou avaliação, que implique compreender o outro a partir do lugar do qual este procede e no qual se encontra no momento. Para que esse processo ocorra, é necessário desenvolver uma escuta ativa e sensível.

Cabe ressaltar que a capacidade empática é edificada na medida em que o indivíduo aumenta o conhecimento sobre si mesmo, quando mergulha em um introspectivo processo de autoconhecimento.

É por meio do processo empático que se pode ajudar o outro "a obter uma compreensão mais clara do seu próprio mundo" (Rogers, 2001, p. 12). Ao externalizar seu mundo interno e ser escutado com atenção, o outro passa a organizar melhor aquilo que ainda não havia sido explicitado. Quando o outro se depara com alguém "escutando com aceitação seus sentimentos, torna-se capaz de escutar com aceitação a si mesmo – ouvir e aceitar a raiva, o medo, a ternura, a coragem, que estão sendo vivenciados" (Rogers, 2001, p. 12).

6.2 Empatia

Na abordagem da facilitação de processos restaurativos, a empatia é um tema primordial de estudo, uma vez que se trata do principal elemento que caracteriza a atuação do facilitar.

Ao favorecer, por exemplo, o diálogo entre pessoas com conflitos interpessoais, sejam decorrentes de situações de violações, sejam provenientes de formas diferentes de ver o mundo, o facilitador deve, justamente, buscar criar um espaço propício à empatia, pois, para obter um consenso ou uma restauração das relações ora fragilizadas, uma grande dose de empatia se faz necessária para se compreender o outro.

A palavra *empatia* se origina do termo alemão *einfühlung*, que se refere à capacidade de sentir o outro "por dentro". Segundo Ricard (2015), o termo foi utilizado pela primeira vez em 1873, pelo psicólogo alemão Robert Vischer, "para designar a projeção mental de si mesmo em um objeto exterior – uma casa, uma velha árvore nodosa ou uma colina varrida pelos ventos – ao qual nos associamos subjetivamente" (Ricard, 2015, p. 58).

Posteriormente, o filósofo Theodor Lipps ampliou o significado de *empatia*, que passou a compreender o sentimento de um artista quando "se projeta pela sua imaginação não somente em um objeto inanimado, como também na experiência vivenciada por outra pessoa" (Ricard, 2015, p. 58). Um exemplo dessa concepção pode ser a situação em que um observador assiste à atuação de um acrobata em uma corda bamba e se percebe como alguém que pode "entrar no corpo" do artista e mentalmente dar passos com ele, além de sentir as mesmas sensações, como vertigem e inquietude (Ricard, 2015, p. 58).

Para Roman Krznaric (2015), autor da obra *O poder da empatia*, essa característica pode ser definida como a capacidade ou a arte de se colocar no lugar do outro por meio da imaginação, buscando-se compreender suas necessidades, seus sentimentos e suas perspectivas para, com base nessa compreensão, guiar as próprias ações.

Muito se fala sobre o fato de a empatia estar relacionada à capacidade de se colocar no lugar do outro, algo que parece um tanto impossível. Porém, quando se leva em conta o elemento da imaginação, mencionado por Krznaric (2015), torna-se mais viável o exercício de compreender o outro a partir do lugar no qual ele está, sem julgamentos feitos com base em preconcepções. É preciso, pois, desenvolver um pensamento criativo e imaginativo.

É importante destacarmos que a empatia pode ser, sim, desenvolvida. Aliás, segundo alguns especialistas, 98% da humanidade nasce equipada para empatizar e, consequentemente, estabelecer conexão social, ao passo que os outros 2% estão destinados a situações de psicopatia e a alguns casos de autismo, ao que o psicólogo Simon Baron-Cohen chama de *zero grau de empatia* (Krznaric, 2015).

Mas por que ainda estamos vivemos um momento de declínio empático? Sabemos que muito de nossa história, especialmente no Ocidente, foi alimentada pela crença de que o homem nasce mau e inclinado à violência, com base em uma narrativa do individualismo que teve seu ápice especialmente nos séculos XVII e XVIII.

A esse respeito, lembramos o contratualista Thomas Hobbes, conhecido especialmente pela obra *Leviatã*, de 1651. Talvez influenciado pela Guerra Civil Inglesa, Hobbes (2008) afirmou que os seres humanos nascem egoístas e violentos e que, se permanecessem no "estado de natureza", a consequência seria a guerra e a destruição. Assim, o filósofo argumentou sobre a necessidade do Grande Leviatã, ou seja, de um governo autoritário e disciplinador, para controlar a natureza humana.

Sigmund Freud (2011) também validou a conotação negativa da essência humana em sua obra *O mal-estar na civilização*, publicada originalmente em 1930, escrita igualmente em um contexto histórico de belicismo, com a vividez do final da Primeira Grande Guerra Mundial. Na obra, o autor retrata a inclinação da humanidade à agressão e à violência.

Ao olharmos para a história, vemos que o declínio da empatia tem fundamento na construção sociocultural do medo, do individualismo e do egoísmo. Nesse aspecto, o filósofo e economista Adam Smith, em sua obra *A riqueza das nações*, de 1776, sustentou a noção da maximização do ganho individual, defendendo a lógica da mão invisível do mercado, pautada justamente na busca pelo interesse individual, tanto para vendedores quanto para compradores. Segundo essa concepção, se cada um buscasse atender individualmente a seus interesses, atenderiam todos aos anseios da coletividade (Smith, 1996). A obra de Smith acabou influenciando as elites políticas e empresariais no período da Revolução Industrial e tornando-se o fundamento para ideologias de livre-comércio.

O mais interessante é que, dezessete anos antes da publicação dessa clássica obra, o autor havia escrito o livro *Teoria dos sentimentos morais* (1759), obra que pode ser considerada um contraponto à teoria de Hobbes, pois retrata a humanidade como capaz de estabelecer compaixão (Smith, 1999).

Assim, para compreendermos o declínio da empatia, devemos estabelecer a relação entre uma sociedade capitalista, que acaba fomentando uma postura mais individualista e narcisista, e características que contemplam o hedonismo e a lógica do ganha-perde, em uma dinâmica social que nos afasta de nossa dimensão empática. Ademais, com a fragilidade contemporânea do princípio da comunidade, esquecido no projeto moderno, também acabamos perdendo experiências da coletividade que são ricas para o desenvolvimento empático.

É interessante considerarmos que, mesmo com todo o desenvolvimento tecnológico e com a melhoria da qualidade de vida, os números de casos de depressão e suicídio são alarmantes, assim como os casos de intolerância e violência.

As ideologias de livre-comércio que retroalimentam o sistema capitalista parecem aprofundar o individualismo. Além disso, até mesmo os mecanismos contemporâneos de conexão social, como as redes sociais *on-line* (a exemplo do Facebook), apesar de nos tornarem mais conectados globalmente e de possibilitarem a disseminação de informações, não contribuem para reverter o declínio empático.

Muito disso também se deve ao processo de repressão de nosso próprio pensamento, linear e dicotômico, que aprendemos a desenvolver desde a infância, o que dificulta o desenvolvimento de um pensamento criativo e aberto, fundamental para o processo empático. A empatia ajuda no desenvolvimento do pensamento criativo por meio do poder de transformar as relações e as pessoas envolvidas.

Logo, para que a empatia se faça presente, é necessário ter um pensamento aberto, complexo e espontâneo, que possibilite acionar o cérebro empático, ou seja, desenvolver capacidades empáticas. Vale enfatizar que o autoconhecimento é, sem dúvida, um processo fundamental para a construção da empatia. Saber quem somos e qual é nossa visão de mundo, reconhecendo a influência sociocultural em nossa maneira de pensar, é importante para o desenvolvimento de uma empatia cognitiva, isto é, ver o mundo a partir da perspectiva dos outros. Se pouco sabemos sobre nossas perspectivas, não podemos diferenciar ou entender a perspectiva do outro.

O mesmo ocorre com a empatia afetiva, que envolve menos a capacidade de compreender as razões ou perspectivas de outra pessoa e mais a intenção de compartilhar ou espelhar suas emoções.

A dimensão cognitiva da empatia está relacionada à projeção ou à evocação mental de uma experiência vivenciada pelo outro. Isto é, diz respeito ao uso da imaginação para acessar o que o outro sente e como a experiência o afeta, considerando-se como seria estar no lugar desse sujeito. A empatia afetiva, por sua vez, é desencadeada espontaneamente, "quando entramos em ressonância com a situação e os sentimentos de outra pessoa, com as emoções que se manifestam por suas expressões faciais, seu olhar, tom de voz e seu comportamento" (Ricard, 2015, p. 58).

Assim, o desenvolvimento empático não é, nem deve ser, um processo forçado e/ou mecânico, e sim ocorrer de maneira genuína e espontânea, a partir de um processo de vontade, com foco no momento presente, que permita ao indivíduo deixar-se "entrar no fluxo" da relação com o outro.

O psicólogo Daniel Goleman (1995) explica que, quando há espontaneidade na experiência, existe uma grande chance de "entrar no fluxo" e, por consequência, exprimir uma sensação espontânea de alegria e completude. Quando se consegue chegar a esse estado genuinamente, é porque as preocupações egocêntricas foram deixadas de lado, pois, quando se atua preocupado com o sucesso ou o fracasso, não se consegue viver intensamente determinada experiência. Desse modo, para atingir essa fluidez, é necessário viver o momento presente, evitando-se a presença de pensamentos ruins, ruminações ou divagações, de maneira a concentrar a atenção exclusivamente na tarefa.

> **O desenvolvimento empático não é, nem deve ser, um processo forçado e/ou mecânico, e sim ocorrer de maneira genuína e espontânea, a partir de um processo de vontade, com foco no momento presente, que permita ao indivíduo deixar-se "entrar no fluxo" da relação com o outro.**

Mihaly Csikszentmihalyi (2016), em sua obra *Flow*, defende que aprendemos a nos relacionar da mesma forma que experienciamos situações em que nos sentimos parte do fluxo. Para se perceber como parte do fluxo, é necessário abandonar a crença do controle sobre o outro e estabelecer outras formas mais orgânicas de se relacionar, a fim de atender às necessidade de segurança e pertencimento. O autor menciona que, entre todas as coisas que assustam, a mais temida é a de ser expulso – colocado para fora – do fluxo da interação humana. Por isso, há muita submissão à violência, pelo medo da desconexão.

Por seu turno, Brené Brown (2012) esclarece que somos programados para buscar sintonia com os demais, por ser esta uma característica biológica de todo ser humano. Desde que nascemos, precisamos de sintonia para nos desenvolvermos emocional, física, espiritual e intelectualmente. Essa necessidade está intrinsecamente relacionada à necessidade de conexão, hoje já reconhecida pela neurociência.

Na esteira desse raciocínio, a psicologia social descobriu que, quando duas pessoas fazem repetidas vezes movimentos naturais, simultâneos ou coordenados de alguma outra forma, maiores são seus sentimentos positivos. Ou seja, ao observarmos duas pessoas conversando a distância, podemos perceber o fluxo não verbal que está ocorrendo: movimentos orquestrados, coordenação de olhares, entre outros elementos (Goleman, 2006).

Essa conexão em sintonia, em fluxo, também é chamada de *sincronia*. Em grupos ou mesmo no desenvolvimento de processos circulares, muitas vezes também é possível notar essa sincronia.

A **sincronia** mantém a noção de que o processo de interação está acontecendo. Quando um processo a dois (uma conversa, por exemplo) ou grupal está chegando ao fim, a sincronia se desfaz, enviando-se uma mensagem tácita de que chegou a hora de finalizar a interação. Igualmente, quando não há sincronia na interação, como em casos nos quais o diálogo é difícil ou quando uma pessoa interrompe a outra, muitas vezes se criam situações constrangedoras e desconfortáveis (Goleman, 2006).

Logo, uma das maneiras de gerar empatia e sincronia – o que, aliás, é fundamental para o processo de facilitação de diálogo – é promover espaços para a contação de histórias. Em primeiro lugar, em razão do processo de identificação com o outro que as histórias proporcionam; em segundo lugar, pelo fato de ser por meio delas que criamos vínculos. A contação de histórias faz parte de nossa biologia e está intrinsecamente relacionada ao ser humano como ser social.

Conforme um estudo do neurocientista Paul Zak (2014), ouvir uma história, uma narrativa com início, meio e fim, faz o cérebro liberar cortisol e oxitocina, considerados hormônios da felicidade, que desencadeiam habilidades de sentir empatia, criar vínculos e ser cooperativo.

Portanto, a empatia é um elemento fundamental em um processo restaurativo ou de facilitação de diálogos, sendo a contação de histórias um recurso importante para estimulá-la.

6.3 O princípio da não violência e a comunicação compassiva

A violência é uma questão central em nossa sociedade. Infelizmente, de algum modo contribuímos para a sua manutenção, quando retroalimentamos o que podemos chamar de *cultura da violência*, aceitando formas de nos relacionarmos que colaboram com a cultura da dominação, da coisificação do ser, do enaltecimento do ter em detrimento do ser, da busca por nos igualarmos aos outros para nos sentirmos parte de algo.

Para o filósofo Jean-Marie Muller (2007, p. 11-12), a ideologia da violência "tende a apagar as diferenças entre as diversas culturas e provoca o desvelar de semelhanças estarrecedoras. Nossas culturas se assemelham porque são todas cultura da violência".

No fluxo do caminho da não violência, do caminho gandhiano, Marshall Rosenberg, psicólogo que viveu boa parte de sua infância e adolescência em um bairro turbulento de Detroit, nos Estados Unidos, passou a se interessar por formas pacíficas de diálogo e relacionamento, em contraposição ao clima de violência com o qual conviveu.

Rosenberg (2006) acredita que a compaixão faz parte da natureza humana e que a violência é uma forma de desconexão com nossa natureza compassiva. Assim, ele passou a questionar o que leva a nos comportarmos de maneira violenta, sob a lógica da dominação, da exploração e da exclusão.

A própria expressão *não violência* não foi constituída por mero acaso, tampouco pode ser compreendida como sinônimo de *pacifismo* ou de *passividade*. *Não violência* corresponde a uma postura ativa no sentido de não causar danos ou sofrimento a si próprio e aos outros. Trata-se, portanto, de uma lógica inversa à imposta pela cultura patriarcal.

A respeito dessa cultura, Humberto Maturana (2004) esclarece que, há muitos anos, a humanidade mudou o rumo de sua história. Até então, vivíamos um modelo cultural que o autor chama de *cultura matrística*, a qual foi substituída pela cultura patriarcal, especialmente quando começou a operar a lógica da dominação. Para Maturana (2004), nesse contexto, o termo *matrística* não corresponde à cultura matriarcal, a qual, na realidade, segue a mesma lógica da patriarcal. A terminologia, então, é utilizada pelo autor para designar uma cultura (que, aliás, já existiu) em que, independentemente de gênero, etnia ou quaisquer diferenças, todos podem participar de um modo de vida em que predomina a cooperação não hierárquica.

Na cultura patriarcal ou no modo patriarcal de viver, que constitui uma rede fechada de conversações, coordenada pelas ações e emoções da vida cotidiana, o modo de coexistir valoriza a guerra, a competição, a luta, o poder, o controle, a hierarquia, a autoridade, a apropriação insustentável de recursos, bem como a dominação dos outros pela apropriação da verdade.

No modo de viver sob a égide do patriarcado, que rompe com nossa natureza humana, surgem diversas formas de violência como sintomas de uma disfuncionalidade, de uma forma de viver incoerente com a vida em sua mais plena diversidade, complexidade e complementaridade.

Nesse sentido, a comunicação não violenta (CNV) pode ser compreendida como uma proposta de desenvolvimento de habilidades de linguagem, de comunicação e de relacionamento que fortalecem nossa capacidade de continuarmos humanos, mesmo quando o contexto se apresentar adverso.

A ideia da CNV é, justamente, lidar de forma diferente com situações cotidianas, não mais mediante a utilização de recursos de ataque, defesa, julgamento e crítica, e sim com base no entendimento de que aquilo que internamente acontece conosco ocorre também com o outro e que todos nós temos necessidades humanas, especialmente a de pertencer.

A postura defensiva vai desaparecendo quando, em seu lugar, deixamos emergir a compaixão. No entanto, ela só se torna possível mediante conexões empáticas, estabelecidas por meio do diálogo e da compreensão, criando-se espaços para encontros humanos nos quais as necessidades e os sentimentos podem servir como guia.

É interessante lembrarmos que foi Carl Rogers, já citado quando tratamos da abordagem centrada na pessoa, quem conferiu a Marshall Rosenberg a temperatura do afeto. E este foi realmente afetado, em seus estudos e proposições – entre elas a da CNV –, pela lógica do vínculo, em contraposição à lógica da patologia e da construção de diagnósticos, ainda muito comum na psicologia.

A própria expressão não violência não foi constituída por mero acaso, tampouco pode ser compreendida como sinônimo de pacifismo ou de passividade. Não violência corresponde a uma postura ativa no sentido de não causar danos ou sofrimento a si próprio e aos outros. Trata-se, portanto, de uma lógica inversa à imposta pela cultura patriarcal.

Com base nesse fundamento, Rosenberg (2006) analisou a compaixão como um fluxo entre o "eu" e o "outro", fundado em uma entrega autêntica e mútua. Assim, a base da CNV é a compaixão, que está relacionada à nossa própria natureza, segundo o autor.

A predominância da cultura da dominação em detrimento da cultura da cooperação nos levou a desenvolver comportamentos violentos e processos de exploração e de violação do outro. Muito da carga violenta que está presente em nossa cultura está impregnada em nossa linguagem (no uso das palavras), que acaba muitas vezes gerando dor e mágoas nos outros e em nós mesmos.

Dessa maneira, a CNV é uma abordagem comunicacional que permite, por meio da fala e da escuta, que no encontro com o outro haja uma entrega profunda, autêntica e de coração, a fim de fazer florescer a compaixão. Ou seja, a comunicação não violenta "se baseia em habilidades de linguagem e comunicação que fortalecem a capacidade de continuarmos humanos, mesmo em condições adversas" (Rosenberg, 2006, p. 21).

Na opinião do autor, quando nos concentramos genuinamente na presença no outro, por meio de suas observações, seus pensamentos, seus sentimentos e suas necessidades, em vez de tentar julgá-lo e diagnosticá-lo de alguma forma, descobrimos a profundidade de nossa compaixão (Rosenberg, 2006).

Sob essa ótica, o estudo da CNV ajuda a melhorar a maneira como ouvimos e nos expressamos, pela qual deixamos de agir automaticamente e passamos a responder de maneira lúcida, tendo consciência de nossas percepções, bem como de nossos sentimentos e desejos.

Com essa consciência, somos capazes de nos expressar de maneira mais autêntica e transparente conosco e com os outros, conferindo-lhes uma atenção mais respeitosa e empática. Dessa forma, conforme as palavras do autor, "quando utilizamos a CNV para ouvir nossa necessidades mais profundas e as dos outros, percebemos os relacionamentos por um novo enfoque" (Rosenberg, 2006, p. 22).

Para o desenvolvimento da CNV, é importante considerar alguns processos que ocorrem no encontro com o outro e que tornam a comunicação alienante, bloqueando a compaixão:

※ julgamentos moralizadores;
※ estabelecimento de comparações;
※ negação de responsabilidades;
※ comunicação de desejos em forma de exigência.

Os julgamentos moralizadores ocorrem sob a forma de culpa, insulto, rotulação e diagnósticos. Eles se baseiam em um padrão de pensamento binário, linear, que distingue certo de errado, normal de anormal, denotado em uma linguagem que classifica, rotula e estigmatiza pessoas e seus atos.

Vale lembrar que julgamentos são diferentes de juízos de valor, apesar de ambos os conceitos estarem relacionados. Os juízos de valor refletem aquilo que mais valorizamos e o que acreditamos ser melhor. Por sua vez, os julgamentos moralizadores se configuram quando avaliamos o outro e seu comportamento com base em nossos juízos de valor.

Assim, juízos de valor servem apenas a quem os emite. Logo, no movimento de tentarmos impor algo ao outro, além do julgamento inerente ao ato, está a crença de que nosso juízo de valor é superior, o que não deixa de ser um processo de colonização espiritual.

Outra forma de comunicação alienante é a comparação, que também se refere a uma forma de julgamento. Na medida em que julgamos o outro com base em um modelo pessoal ou mesmo cultural, passamos a desqualificá-lo, interrompendo a conexão ou, até mesmo, deixando de estabelecê-la.

Brown (2012) esclarece que a comparação traz consigo a conformidade e a competitividade. Quando comparamos, queremos, de algum modo, ser melhores que o outro ou ter o melhor. A autora menciona que "a ordem da comparação torna-se um paradoxo opressor: 'ajuste-se ou destaque-se!'. Não é para se cultivar autoaceitação, pertencimento e autenticidade; é para ser como todo mundo, mas melhor" (Brown, 2012, p. 131).

Ainda, a negação da responsabilidade, outra forma de comunicação alienante mencionada, está presente no uso da expressão *ter que* – como na utilização de frases que começam com *você tem que... –*, em situações nas quais, caso não se faça o que foi determinado, sobrevém uma carga de culpa. Esse tipo de linguagem contribui para a negação da responsabilidade pelos próprios pensamentos, sentimentos e atos.

Comumente, negamos nossos atos quando há pressão de um grupo, por ordens advindas de uma autoridade, pelo cumprimento de papéis predeterminados pela sociedade em razão de aspectos como idade, sexo ou posição social, por regras ou regulamentos institucionais ou mesmo por forças vagas relacionadas a crenças. Na negação da responsabilidade, a linguagem utilizada implica a falta de escolha, o que não é, de fato, uma verdade, pois sempre temos a opção de escolher. Assim, para o desenvolvimento de uma linguagem não alienante, que gere conexão, é importante haver o reconhecimento da possibilidade de escolha.

Vale lembrar que a linguagem é, também, fruto de um pensamento social; porém, quando nos tornamos lúcidos e conscientes disso, abrimos espaço para a mudança.

Por fim, outra forma de comunicação alienante é a comunicação de desejos pessoais em forma de exigência. Pedidos não são exigências, mas, muitas vezes, são recebidos como tais quando os interlocutores acreditam que serão culpados ou punidos se não os atenderem. A interpretação em forma de exigência acaba acarretando culpa quando um pedido não é atendido.

Por trás de um pedido devem residir a honestidade e a empatia. Isto é, o pedido deve partir do princípio de que o outro tem o direito de escolher atendê-lo ou não, por livre vontade. E, caso o indivíduo não atenda a tal pedido, tudo deverá permanecer bem; do contrário, o pedido em questão terá sido, na verdade, uma exigência. Acompanhando esse raciocínio, Rosenberg (2006, p. 188) menciona que buscamos agir "motivados pelo desejo de contribuir para a vida, e não por medo, culpa, vergonha ou obrigação".

De modo geral, a CNV consiste em verificar o que está sendo **observado** sem julgamentos moralizantes – lembrando que *observação* e *avaliação* não são sinônimos –, buscando-se perceber e identificar os **sentimentos** que surgem, de modo a compreender melhor que **necessidades** atendidas ou não estão gerando tais sentimentos. A partir disso, é possível reconhecer os desejos, que estão relacionados às necessidades identificadas, para fazer um **pedido** (sem a forma de exigência), a fim de atender a essas necessidades.

Sabemos que as necessidades estão na raiz de nossos sentimentos, razão pela qual é de extrema importância aprender a identificá-los. Ao longo de nossa história como seres humanos, não aprendemos a expressar nossas necessidades. Então, sempre que elas não são satisfeitas, costumamos pensar sobre o que há de errado com as outras pessoas.

No entanto, também sabemos que assumir a responsabilidade por nossos sentimentos e nossas necessidades não é simples: "o que os outros dizem e fazem pode ser o **estímulo**, mas nunca a **causa** de nossos sentimentos [...] [pois eles] resultam de como **escolhemos** receber o que os outros dizem e fazem" (Rosenberg, 2006, p. 79, grifo do original).

Cabe observar que não é simples falar sobre nossas necessidades e nossos sentimentos porque isso não faz parte de nosso tácito contrato relacional. Costumamos entender que, ao expormos nossas necessidades e nossos desejos, demonstramos nossas vulnerabilidades, o que, acreditamos, nos tornaria frágeis.

Alguns estudos, entretanto, têm contrariado essa crença. Uma pesquisa realizada pela assistente social Brené Brown (2013) apresentou resultados que, justamente, apontam a vulnerabilidade como responsável pela força interna que move cada indivíduo, pois é capaz de fazer emergir a empatia, a coragem, a criatividade, a confiança e a autenticidade.

Para a autora, a vulnerabilidade tem relação com a reciprocidade e a confiança. "Não é superexposição, não é catarse, não é se desnudar indiscriminadamente" (Brown, 2013, p. 36). Trata-se, sim, de uma maneira de "compartilhar nossos sentimentos e nossas experiências com pessoas que conquistaram o direito de conhecê-los. Estar vulnerável e aberto passa pela reciprocidade e é uma parte integrante do processo de construção da confiança" (Brown, 2013, p. 36).

> Outra forma de comunicação alienante é a comunicação de desejos pessoais em forma de exigência. Pedidos não são exigências, mas, muitas vezes, são recebidos como tais quando os interlocutores acreditam que serão culpados ou punidos se não os atenderem. A interpretação em forma de exigência acaba acarretando culpa quando um pedido não é atendido.

Essa abordagem de comunicação contribui não apenas para identificar sentimentos e necessidades pessoais, mas também para desenvolver a empatia, buscando-se identificar os anseios e os desejos do outro, sob o propósito de estabelecer um relacionamento calcado na sinceridade e na reciprocidade.

Quando começamos a escutar os sentimentos e as necessidades alheias, passamos a desenvolver nossa compaixão. Assim, em vez de rejeitarmos o outro pelas suas diferenças, estabelecemos com ele uma conexão.

Síntese

Neste capítulo, evidenciamos que o processo de facilitação da justiça restaurativa, independentemente da abordagem utilizada, requer o desenvolvimento de algumas habilidades essenciais, como empatia, autenticidade, aceitação do outro, não julgamento, além de uma comunicação compassiva, assertiva e não violenta.

Assim, de início, apresentamos parte da proposta de Carl Rogers (2001) sobre a abordagem centrada na pessoa, correlacionando-a às habilidades do facilitador. Complementarmente, discutimos a importância da empatia nos processos de facilitação de diálogo e consenso. Isso porque a empatia, tanto a cognitiva quanto a afetiva, contribui para gerar conexões sincrônicas, ou seja, possibilita a criação de um espaço de fluxo no qual atendemos às próprias necessidades de pertencimento e conexão.

Por fim, ao abordarmos o desenvolvimento comunicacional atinente ao facilitador de processos restaurativos, vimos que os processos de comunicação não devem buscar realimentar a ideologia da violência. Nesse sentido, explicamos a teoria da comunicação não violenta (CNV), proposta por Marshall Rosenberg (2006), que se baseia em uma forma de se relacionar e se comunicar por meio de uma entrega mais autêntica e profunda, que faz emergir a compaixão e a empatia, gerando, como consequência, conexões mais sincrônicas.

Para saber mais

BROWN, B. The Power of Vulnerability. **TED**, June 2010. Disponível em: <https://www.ted.com/talks/brene_brown_on_vulnerability>. Acesso em: 4 maio 2020.

Acesse o link para conhecer um pouco mais sobre a pesquisa de Brené Brown, estudiosa que investiga as habilidades humanas, como coragem, vulnerabilidade, vergonha e empatia, e como interferem na forma como desenvolvemos nossas conexões.

COMUNICAÇÃO não violenta – Parte 1 – Marshall Rosenberg. Disponível em: <https://youtu.be/AbQTnHirOnw>. Acesso em: 4 maio 2020.

COMUNICAÇÃO não violenta – Parte 2 – Marshall Rosenberg. Disponível em: <https://youtu.be/wuvh9D9fAbg>. Acesso em: 4 maio 2020.

COMUNICAÇÃO não violenta – Parte 3 – Marshall Rosenberg. Disponível em: <https://youtu.be/QZh4-ZZjuw8>. Acesso em: 4 maio 2020.

VOCÊ me ama? Diálogo entre uma girafa e um chacal. 2000. Disponível em: <https://youtu.be/gnzNaFUQnFY>. Acesso em: 4 maio 2020.

Para conhecer mais sobre a comunicação não violenta, assista a esses vídeos de palestras e workshops *realizados por Marshall Rosenberg.*

O PODER da empatia. 2014. Disponível em: <https://youtu.be/VRXmsVF_QFY>. Acesso em: 4 maio 2020.

A respeito da temática que envolve a empatia, indicamos esse vídeo, narrado por Brené Brown.

ROGERS, C. R. **Tornar-se pessoa**. Tradução de Manuel José do Carmo Ferreira e Alvamar Lamparelli. São Paulo: M. Fontes, 1997.

Para entender melhor a proposta de Carl Rogers, especialmente a abordagem centrada na pessoa, vale a pena fazer a leitura dessa obra.

Questões para revisão

1. Quais são as principais habilidades sociais que devem ser desenvolvidas pelo facilitador de processos restaurativos?

2. Qual é a relação entre o princípio da não violência e a comunicação não violenta?

3. Com base nas habilidades sociais estudadas neste capítulo, relacione os conceitos a seguir às respectivas definições:

    I) Aceitação
    II) Empatia
    III) Sincronia
    IV) Vulnerabilidade
    V) Congruência

    ( ) Conexão em sintonia.
    ( ) Postura de não julgamento, de atenção não possessiva.
    ( ) Compartilhamento de sentimentos e experiências com pessoas que conquistam o direito de conhecê-los.
    ( ) Compreensão de si mesmo para conseguir encontrar o outro.
    ( ) Habilidade de se colocar no lugar do outro por meio da imaginação.

    Agora, assinale a alternativa que apresenta a sequência correta:

    a) III, I, IV, V, II.
    b) III, V, IV, I, II.
    c) V, II, IV, III, I.
    d) III, II, V, IV, I.

4. Sobre a empatia, assinale a afirmativa correta:

    a) Origina-se da palavra latina *empathy*.
    b) A empatia cognitiva é desencadeada espontaneamente quando entramos em ressonância com os sentimentos de outras pessoas.

c) A dimensão afetiva da empatia está relacionada à projeção mental de uma experiência vivenciada pelo outro, utilizando--se a imaginação para acessar o que o outro sente e como a experiência o afeta.

d) O termo *empatia* foi usado pela primeira vez no século XIX pelo psicólogo alemão Robert Vischer.

5. Quem propôs a metodologia da comunicação não violenta?

a) Daniel Goleman.
b) Brené Brown.
c) Marshall Rosenberg.
d) Carl Rogers.

Questão para reflexão

1. Neste capítulo, destacamos algumas habilidades sociais e afetivas a serem desenvolvidas pelo facilitador de processos restaurativos. Além disso, mencionamos que a contação de histórias é uma das maneiras mais eficazes para gerar empatia e sincronia.

Aproveitando o poder que as histórias têm de nos causar diversas sensações e emoções, queremos compartilhar com você, leitor, a temática de que trata o livro infantil *Morcego bobo*, escrito por Jeanne Willis e Tony Ross (2007), para promover uma reflexão sobre o conteúdo aprendido.

O livro aborda as relações entre diferentes animais, entre eles o morcego. Este era visto por todos os filhotes de animais como louco, porque dizia coisas absurdas (como a árvore ter o tronco no topo e as folhas na parte de baixo). Então, outro animal, a Coruja Sábia, analisando por que o morcego enxergava o mundo dessa forma, sugeriu que todos os outros animais permanecessem também de cabeça para baixo, como o morcego. Assim, eles também passaram a enxergar tudo de modo diferente.

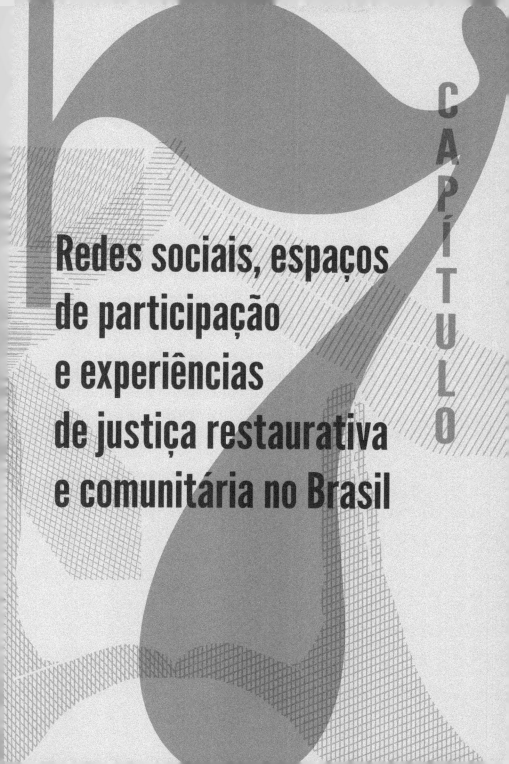

CAPÍTULO 7

Redes sociais, espaços de participação e experiências de justiça restaurativa e comunitária no Brasil

Conteúdos do capítulo:

- Redes sociais.
- Comunidade.
- Formas de controle social.
- Processos participativos.
- Experiências em justiça restaurativa.

Após o estudo deste capítulo, você será capaz de:

1. compreender a animação das redes sociais como uma estrutura dinâmica e viva, composta por pessoas que representam os mais diversos setores da sociedade;
2. entender a importância da coletividade e da comunidade como formas de controle social;
3. analisar algumas experiências de justiça restaurativa e a importância do envolvimento da rede social e da participação da comunidade.

Neste capítulo, abordaremos a importância do conhecimento e da formação de redes sociais e comunitárias na implementação de programas de justiça restaurativa. Anteriormente, tratamos do conceito de janela da disciplina social e analisamos a relevância da combinação dos vetores *controle* e *apoio* nas práticas restaurativas. Agora, veremos de que forma o resgate da coletividade, fragilizado pelo projeto moderno – no qual prevaleceu o individualismo –, pode contribuir para o controle social informal, uma importante fonte de apoio e controle.

Além disso, examinaremos algumas experiências de justiça restaurativa e comunitária no Brasil, identificando como a articulação das redes sociais e o protagonismo comunitário colaboram para a construção de outros modelos de relacionamento, fortalecendo a solidariedade, a cooperação, a inclusão, a diversidade e a própria capacidade comunitária.

7.1 Redes sociais e comunitárias

A formação e a animação das redes sociais e comunitárias podem ser vistas como possibilidades de apoio e controle social. Podemos identificar que o controle social, especialmente o controle das violações que ocorrem em nossa sociedade, se estabelece de duas maneiras, formal e informal, conforme a estratégia e a organização.

O **controle social formal** é aquele advindo dos sistemas normativos, das formas de organização do Estado, como a organização da segurança pública, do direito, dos costumes. (Tiveron, 2014). Já o **controle social informal** pode ser exercido por família, comunidade, igreja, escola ou organização comunitária, ou seja, trata-se de uma forma de controle mais orgânica, proveniente da própria comunidade. Essa categoria contempla duas forças importantes: o controle e o apoio (Tiveron, 2014).

O controle advindo da comunidade se configura no sentido de colocar limites e estabelecer direções que disciplinem comportamentos socialmente aceitos, mesmo que, na maioria das vezes, isso ocorra de forma tácita. Já o apoio compreende o sentido de cuidado e proteção, de modo a criar um meio sustentável de autopreservação daqueles que participam da vida social. Construir redes sociais de apoio e controle requer o desenvolvimento de espaços participativos e de cooperação, nos quais possam ser reconhecidos os recursos existentes, fortalecidos por meio da troca de informações e experiências.

Sob essa ótica, a construção de redes sociais de apoio pode ser descrita por meio de um mapeamento dos recursos disponíveis em determinado território. O problema é que esse mapeamento, muitas vezes, é estático e retrata apenas uma listagem de serviços e programas que podem beneficiar as pessoas. De todo modo, essa prática não deixa de ser útil, pois, nos procedimentos restaurativos, esses recursos são importantes para atender a demandas que emergem na ocasião.

Contudo, um conceito de redes sociais mais forte e coerente com a própria proposta da justiça restaurativa é o de **animação de redes sociais**, utilizado na descrição de um programa implantado inicialmente pelo Tribunal de Justiça do Distrito Federal e dos Territórios (TJDFT), em 2000, denominado *Justiça Comunitária*. Esse programa nasceu justamente das discussões em torno de uma justiça mais acessível à população, a fim de responder às demandas sociais e possibilitar a democratização da justiça. Posteriormente, vamos tratar desse programa em mais detalhes.

A expressão *animação das redes sociais* é utilizada para demonstrar a dinamicidade das redes sociais, que podem ser consideradas organizações de pessoas que atuam de maneira cooperativa para intensificar a capacidade de identificar e mobilizar recursos locais, bem como desvelar habilidades e capacidades reais.

As pessoas se organizam em redes para tratar de questões comuns, dialogar e propor soluções para problemas que afetam a todos, seja em um território, seja em uma comunidade, seja em grupos e em ambientes de trabalho. Em muitos casos, o propósito dessa organização está vinculado à busca do bem-estar coletivo e individual, porém a partir da consciência de que cada um é corresponsável pelo desenvolvimento coletivo.

Nesse mesmo sentido, Melo Neto e Froes (2002) explicam que as tecnologias de formação de redes sociais são importantes para a sustentabilidade de uma sociedade, pois permitem o desenvolvimento de tecnologias sociais com base em uma realidade local concreta. A esse respeito, apresentamos a seguir alguns exemplos acerca do que a formação de redes sociais pode propiciar:

- Cria novas interações entre as pessoas;
- Ajuda a desenvolver novas práticas e valores individuais, grupais e coletivos;
- Conecta indivíduos, grupos, regiões e organizações;
- Ajuda a construir novas formas de convivência;
- Contribui para a superação de problemas sociais por meio da definição coletiva de objetivos, articulação de pessoas e instituições;
- Disponibiliza "saberes distintos" e os coloca a serviço do interesse coletivo;
- Constrói vínculos mais fortes e consistentes entre as pessoas e instituições;
- Promove acordos de cooperação e alianças;
- Cria e amplia alternativas de ação. (Massa, 2009, p. 70)

Assim, a animação das redes sociais traz em sua própria terminologia a dinamicidade desse processo, que pode envolver os mais diversos setores da sociedade. Além da comunidade, podem participar: o primeiro setor, representado pelo Estado; o segundo setor, constituído pelas instituições privadas; o terceiro setor, composto pelas organizações sociais (organizações não governamentais – ONGs, associações e fundações); e quarto setor, configurado por movimentos sociais, que representam demandas pulsantes de uma sociedade.

A animação das redes sociais não pode ser vista como algo coordenado por uma instituição, mas como um processo de construção participativa, horizontal, democrática e consensual, orgânica e autônoma, no qual a diversidade e o protagonismo são incentivados. Dessa maneira, a formação de redes sociais contribui enormemente para romper o isolamento de pessoas e organizações, dando visibilidade a todas e precavendo a duplicação de ações, as quais passam a ocorrer de maneira sinérgica e com corresponsabilidade. Esse modelo se aproxima do processo de desenvolvimento comunitário. Como já abordamos, sabemos das dificuldades para que esse processo seja bem-sucedido, já que o princípio da comunidade ficou fragilizado com o projeto moderno, especialmente pelo fortalecimento do individualismo e pela escassez de espaços efetivamente participativos.

7.2 Desenvolvimento comunitário e processos participativos

Questões como a complexidade das relações sociais presentes na sociedade, o crescimento da desigualdade econômica, a concentração e a má distribuição de renda, o difícil acesso à justiça e o desconhecimento dos direitos sociais por uma parcela significativa da população expandem a situação de vulnerabilidade das pessoas e ocasionam o aumento dos conflitos locais. É nesse contexto que se evidencia a necessidade de construir espaços participativos e emancipatórios, contrapondo-se à lógica do assistencialismo que preponderou por muito tempo e, infelizmente, ainda se faz presente em nossas instituições públicas.

O assistencialismo, visto como favor ou benesse, cria uma relação de dependência que se coloca na direção contrária do projeto emancipatório da sociedade, pois fragiliza a capacidade comunitária de melhor conhecer o ambiente físico e social e interagir com ele, restringindo a capacidade de acesso e controle sobre os recursos que afetam seu desenvolvimento.

Nas palavras de Neumann e Neumann (2004a, p. 21), o desenvolvimento comunitário pode ser considerado "um conjunto de práticas criadas com o objetivo de fortalecer e tornar mais efetiva a vida em comunidade, melhorando as condições locais".

Sob essa ótica, o desenvolvimento pode ser visto ainda como a forma coletiva e criativa de os integrantes de uma comunidade buscarem soluções para seus problemas, a fim de conseguir melhores condições de vida em um conjunto integrado de dimensões (social, econômico, ambiental, cultural e local), conceito que muito se aproxima das propostas restaurativas.

Para que contemple a diversidade, o multiculturalismo e, enfim, a pluralidade humana, a noção de coletividade deve ser construída com base em uma nova gramática social e cultural, elaborada criativamente por novas tecnologias sociais de convivência que permitam a inovação social relacionada à inovação institucional, fortalecendo a ideia de outra institucionalidade para a democracia, por meio da ampliação dos espaços participativos.

Nessa perspectiva, o sociólogo Boaventura de Sousa Santos (2007b) entende ser necessário promover um processo de transformação que atinja seis esferas das relações sociais constituídas pela sociedade capitalista, as quais são consideradas espaços de produção e reprodução das relações de poder. Tais esferas são os espaços doméstico, da produção, do mercado, da comunidade, da cidadania e mundial. Tais espaços devem ser transformados em espaços emancipatórios, convertendo o **poder sobre** em **poder com** por meio de experimentações sociais.

O **espaço doméstico** é pautado pelo patriarcado, em que há predomínio da lógica da dominação – em especial, a de gênero. É formado pela construção cultural da família patriarcal, excluindo todas as formas de desenvolvimento de comunidades domésticas cooperativas. Nessa esfera, o processo de transformação deve incluir todas as formas de sociabilidade, até então invisíveis pelo paradigma dominante, mediante um processo de poder compartilhado e de eliminação de estereótipos que definem papéis de gênero (ou seja, pela democratização do direito doméstico). Por sua vez, no **espaço da produção**, a lógica expansionista do capitalismo gera desigualdades sociais e competição, eliminando formas colaborativas de produção, nas quais riqueza advinda do trabalho seria mais bem distribuída. Conforme Santos (2007b), a transformação dessa esfera deve contemplar outras formas de produção mais sustentáveis, não apenas economicamente, mas também social e ambientalmente. Trata-se, portanto, de formas de produção ecossocialistas que possam gerar uma autogestão cooperativa.

Já o **espaço do mercado**, caracterizado pelo desenfreado consumismo individualista e exploratório, pode ser transformado em um paradigma que atenda às necessidades humanas mediante um consumo solidário.

O **espaço da comunidade**, constituído pelo paradigma da exclusão por meio da constituição de grupos sociais dominantes, pode ser transformado em um paradigma de comunidades, resgatando o princípio da comunidade que ficou esquecido com o projeto moderno. Nas palavras de Massa (2009, p. 40): "Neste paradigma a identidade é sempre inclusiva, múltipla, inacabada e em um processo perene de reconstrução e reinvenção, visando construir um novo senso comum emancipatório orientado por uma base democrática, cosmopolita, multicultural e diatópica".

No **espaço da cidadania**, o processo de transformação deve ocorrer com base na construção de uma democracia radical, por meio da inclusão de pautas que satisfaçam as necessidades dos mais diversos povos e grupos de uma sociedade plural, em contraposição a uma democracia meramente representativa, vinculada a interesses de apenas um grupo.

Por fim, o **espaço mundial**, ainda imerso na lógica da dominação e do desenvolvimento desigual e exploratório, pode ser "transformado em um paradigma de alternativas democráticas para o desenvolvimento" (Massa, 2009, p. 41), em que "a soberania possa ser reciprocamente permeável, considerado como o paradigma da sustentabilidade democrática" (Massa, 2009, p. 40-41).

As ideias propostas por Santos (2007b) em relação a uma transformação social por meio de espaços existentes estão correlacionadas à proposta da urbanista norte-americana Jane Jacobs (2000). Em seus estudos, a autora desvela a necessidade de essa transformação ocorrer nas cidades que ela considera insustentáveis, denominadas *cidades mortas*, em busca da instauração de novos modelos, mais próximos de cidades sustentáveis, as quais são por ela chamadas de *cidades vivas*.

Para Jacobs (2000), cidades vivas são aquelas em que as formas de vida conectam as pessoas em redes. Assim, os sujeitos se corresponsabilizam e se mobilizam para alcançar o bem-estar coletivo e individual, com a consciência de que "são elas próprias os atores principais do seu desenvolvimento. Contrariamente, nas cidades 'mortas', [a autora percebeu que] as pessoas atuavam de forma isolada e havia o predomínio do individualismo" (Massa, 2009, p. 41).

As características do que Jacobs (2000) denomina *cidades vivas* e *cidades mortas* podem ser compreendidas com o Quadro 7.1, que possibilita refletir a respeito da importância de considerar especificidades locais em vez de lançar mão de um olhar generalista. Ainda, é preciso levar em conta a relevância de processos participativos e cooperativos que abram espaço para a experimentação social de novas formas de desenvolvimento, mais sustentáveis e includentes.

Quadro 7.1 – Cidades mortas e cidades vivas

CIDADES MORTAS	CIDADES VIVAS
• Predomínio de vínculos de subordinação • Pessoas atuam de forma dispersa e isoladamente • O ambiente é imutável • Prevalece a competição • Vigência de padrões verticais de organização • O bem-estar social é criado pelo Estado	• Predomínio de cooperação • Pessoas atuam em redes • O ambiente é transformado continuamente • Prevalece a cooperação • Vigência de padrões horizontais de organização • O bem-estar social é iniciativa de todos

Fonte: Elaborado com base em Melo Neto; Froes, 2002.

A concepção de cidades vivas se aproxima muito dos fundamentos da justiça restaurativa, pois está diretamente relacionada à participação da população em seu próprio desenvolvimento.

Já nas cidades mortas, há maior aproximação com os modelos vigentes de justiça, seja pela ausência de processos cooperativos e participativos, seja pelos padrões de verticalidade de suas organizações, que produzem o empobrecimento de soluções e embotam a capacidade criativa das pessoas, submetendo-as a uma vida de passividade e dependência.

Com relação ao modelo de sociedade em que vivemos, a prevalência da competição parece ser um modelo insustentável de coexistir, vinculado às características das cidades mortas, em que ocorre a supremacia da globalização neoliberal, que consiste em uma forma hegemônica e dominante de globalização. Por sua vez, de acordo com Boaventura de Sousa Santos (2005), o modelo das cidades vivas é mais fértil, contemplando uma globalização alternativa e contra-hegemônica, em que prevalecem a cooperação, os vínculos e as redes locais/globais, na intenção de edificar um mundo coletivamente melhor, mais justo e pacífico.

Para que haja solidariedade e participação, é necessário um certo grau de coesão social, isto é, as pessoas devem partilhar características

comuns. Logo, é preciso criar espaços participativos que contribuam para a construção de uma identidade compartilhada.
Assim, para que haja coesão social, a comunidade não pode ser entendida como um agrupamento de pessoas que vivem em um mesmo território, e sim como um conjunto de indivíduos que têm uma identidade comum e capacidade para promover o desenvolvimento local.
Sob a égide desse raciocínio, quando nos remetemos às características de um ser vivo, comparando-as às de uma comunidade, presumimos que os membros da comunidade estejam relacionados ao arranjo de conexões, denominado *padrão de rede*, e à dinâmica social, pela qual os componentes interagem e se transformam, criando modelos de regulação e de controle social que podem ser entendidos como um metabolismo comunitário de autorregulação. Essa concepção não afasta a importância de um Estado forte, mas implica uma ativa participação dos sujeitos nessa construção, considerando-se que, quando o controle social informal não for suficiente, poderão ser ativadas as instâncias formais.
Seguindo essa mesma lógica, afirma Massa (2009, p. 45):

> A tendência espontânea para cooperar entre seres humanos é refreada por sistemas de hierarquização, que se materializa por uma atitude de heteronomia diante do poder e separação entre inferiores e superiores, característica de uma política autocrática, que correspondente a uma atitude monárquico-militar diante da política como modo de regulação.

Sabemos que a pluralidade não é simples de ser implementada culturalmente, pois se contrapõe à lógica da fragmentação e da dominação, a qual cria uma narrativa dominante. A pluralidade requer a inclusão de diversas narrativas em uma lógica integrativa do "e" em substituição ao "ou".
A necessidade de uma sociedade plural e includente fica demonstrada por meio dos movimentos sociais, que, segundo o sociólogo Alain Touraine (1998), podem ser considerados o coração, o pulsar da sociedade, aquilo que está emergindo. Conforme Santos (2005,

p. 53), "Os movimentos sociais estariam inseridos em movimentos pela ampliação do político, pela transformação de práticas dominantes, pelo aumento da cidadania e pela inserção política de atores sociais excluídos".

Todavia, os processos de ampliação do espaço político para diversos atores sociais acabam gerando uma disputa de representatividade e significado da própria democracia, bem como de uma nova gramática social. E foi justamente esse processo de ampliação participativa, que ocorreu nos anos 1970 na Europa e 1980 na América Latina, que trouxe a democracia para o debate, levantando, segundo Santos (2005), três questões principais:

1. **A relação entre a participação social e os procedimentos a serem adotados** – Tal relação advém, especialmente, da representatividade dos movimentos sociais latino-americanos, que, de acordo com Santos (2005, p. 54) trazem em seu bojo

    > o problema da constituição de uma gramática social capaz de mudar as relações de gênero, de raça, de etnia e o privatismo na apropriação de recursos públicos [que] colocou na ordem do dia o problema da necessidade de uma nova gramática social e uma nova forma de relação entre Estado e sociedade. Essa gramática implicou na introdução do experimentalismo na própria esfera do Estado, transformando o Estado em um novíssimo movimento social.

2. **A ampliação da participação social** – Essa ampliação gerou a necessidade de readequar as formas burocráticas e centralizadas de resolução de conflitos no âmbito local, de modo a transferir as práticas e tecnologias sociais provenientes do processo participativo e dialógico (dimensão social) para a dimensão administrativa. Santos (2005, p. 54) remete essas inovações institucionais "ao que Castoriadis denomina de instauração de um novo *eidos*, isto é, de uma nova determinação política baseada na criatividade dos atores sociais".

3. **As tensões entre a representatividade e a diversidade sociocultural advindas do processo participativo na dimensão política** – Esse processo contribuiu para a ampliação da diversidade étnico-cultural e de diversos conflitos de interesses. A ampliação da diversidade enfraquece a representatividade e a hegemonia de grupos socialmente minoritários, pois "os grupos mais vulneráveis socialmente, os setores sociais menos favorecidos e as etnias minoritárias não conseguem que seus interesses sejam representados no sistema político com a mesma facilidade dos setores majoritários ou economicamente mais prósperos" (Santos, 2005, p. 54).

Como forma de buscar respostas para a crise vivenciada, Santos (2005) sugere que haja uma reinvenção da emancipação social, que deve iniciar pela "reinvenção da democracia participativa, com concepções e práticas democráticas contra-hegemônicas" (Massa, 2009, p. 50).

7.3 Experiências de justiça comunitária e restaurativa no Brasil

A justiça comunitária pode ser compreendida como uma forma de democratização da justiça, pois contempla a participação de pessoas e da comunidade na resolução de conflitos, possibilitando o acesso à justiça por meio da educação para os direitos, da articulação da rede social local e de formas autocompositivas e participativas de transformação de conflitos individuais e coletivos.

No Brasil, a experiência exitosa do Programa Justiça Comunitária, no Distrito Federal, trouxe contribuições valiosas de um processo de democratização da justiça em relação a comunidades mais vulneráveis, conforme analisaremos a seguir.

7.3.1 Programa Justiça Comunitária

A experiência com o Programa Justiça Comunitária, implantado pelo Tribunal de Justiça do Distrito Federal e dos Territórios (TJDFT), iniciada em 2000, originou-se da necessidade de promover uma justiça mais acessível à população e que fosse concretamente capaz de trazer respostas a certas demandas sociais por meio de um processo mais democrático.

Essa experiência começou quando surgiu a intenção de implantar a justiça itinerante, prevista no parágrafo 7º do art. 125 da Constituição Federal, que prevê a instalação da justiça itinerante "com a realização de audiências e demais funções da atividade jurisdicional, nos limites territoriais da respectiva jurisdição, servindo-se de equipamentos públicos e comunitários" (Brasil, 1988).

Na implantação da justiça itinerante nas comunidades, mediante a atuação de uma equipe de juízes e servidores que, de ônibus, percorriam áreas socialmente vulneráveis, verificou-se que aproximadamente 80% das demandas apresentadas eram resolvidas, com um índice de 80% no tocante ao estabelecimento de acordos. Conforme expôs a juíza Gláucia Falsarella Foley (2006, p. 23), criadora do programa,

> Esse dado confirmou que a iniciativa do ônibus efetivamente rompeu obstáculos de acesso à justiça, tanto de ordem material quanto simbólica. A ruptura com a "liturgia forense" e a horizontalidade com a qual as audiências eram realizadas ajudaram a criar um ambiente de confiança favorável ao alto índice de acordos constatado.

Tal processo fez emergir a ideia de que o ambiente comunitário é um espaço propício para o desenvolvimento de projetos e de programas que contribuam para a democratização do acesso à justiça. Sob essa ótica, nas palavras de Foley (2006, p. 23), "o clássico 'operador do direito' deveria ceder lugar a pessoas comuns que partilhassem o código de valores e linguagem comunitária e, dessa forma, pudessem fazer as necessárias traduções". Foi a

partir dessa reflexão que nasceu o primeiro esboço de justiça comunitária.

Assim, o Programa Justiça Comunitária tem seu funcionamento e desenvolvimento no seio da comunidade. Sua administração é realizada de forma descentralizada por líderes comunitários locais, que atuam como educadores, mediadores de conflitos e disseminadores da cultura de pacificação social.

Além disso, os agentes comunitários também trabalham na formação e na ampliação da rede social entre estados, municípios, sociedade civil e terceiro setor. Segundo Foley (2006, p. 17), "diante de um cenário de profunda fragmentação do tecido social, todas as experiências que busquem a animação das redes sociais, o estímulo ao diálogo solidário e a reflexão coletiva são indispensáveis".

Nesse sentido, o programa pode ser concebido como um instrumento de realização de justiça, "apto a integrar um projeto emancipatório que redimensione o direito, articulando-o sob uma nova relação entre ética e justiça, reconhecendo desta forma os indivíduos como sujeitos de direitos, ou seja, verdadeiros cidadãos, e protagonistas de sua própria história" (Massa, 2009, p. 68).

O Programa Justiça Comunitária tem como fundamento três grandes áreas: educação para os direitos, mediação comunitária e animação de redes sociais.

A **educação para os direitos** se refere a uma forma de aproximar da população os saberes atinentes aos direitos e à cidadania. De acordo com Foley (2008), essa área atua de maneira preventiva, tendo na informação um modo de evitar conflitos; emancipatória, no sentido de a comunidade ser protagonista no processo de resolução de conflitos comuns; e pedagógica, pois o acesso à justiça ocorre pela compreensão dos direitos e do acesso à justiça e às políticas públicas.

Os recursos pedagógicos utilizados no programa são cartilhas, musicais, cordéis e peças teatrais. Tais recursos foram criados "sob a inspiração da arte popular que, além de contribuir para a democratização do acesso à informação, fortalece as raízes culturais brasileiras e o resgate da identidade cultural entre os membros da comunidade" (Foley, 2008, p. 56).

Por sua vez, o conceito de **mediação comunitária** ultrapassa o conceito de mediação de conflitos, pois pode ser também compreendido como mediação da rede social – articulação e fortalecimento de pessoas, serviços e recursos necessários em uma território e/ou uma comunidade.

A mediação de conflitos é concebida como a arte ou técnica de resolução ou de transformação de conflitos intermediada por um terceiro facilitador, que auxilia no diálogo entre pessoas que estão vivendo divergências. Isso contribui para a elaboração de uma compreensão mais ampla do conflito, além de acarretar possíveis formas de resolução e possibilitar o fortalecimento das relações e dos laços de confiança. Já "o mediador comunitário tem um compromisso não só de solucionar os conflitos dos membros da comunidade, mas também de manter a harmonia dentro da rede social que ele integra. Normalmente, esse mediador é um líder comunitário, uma autoridade religiosa ou um idoso respeitado" (Massa, 2009, p. 69).

Por fim, a **animação das redes sociais** se constitui em uma forma de organizar, de maneira horizontal, espontânea, participativa e colaborativa, pessoas que tenham algo em comum, contribuindo para o fortalecimento do senso comunitário, para a construção de uma identidade coletiva e para a elaboração criativa de recursos e de espaços de emancipação.

7.3.2 Projeto Justiça para o Século 21

O Projeto Justiça para o Século 21 foi um dos projetos-piloto de justiça restaurativa implementados no Brasil. Teve início na 3ª Vara da Infância e da Juventude de Porto Alegre, no Rio Grande do Sul, especializada na execução de medidas socioeducativas, e visa à introdução de práticas restaurativas na pacificação de situações de violência envolvendo crianças e adolescentes.

Esse projeto trouxe importantes contribuições para a implementação de mudanças no Sistema de Justiça da Infância e da Juventude e nas políticas públicas da área, além de servir de modelo para a disseminação da justiça restaurativa no Brasil.

Em seu início embrionário, por volta de 1999, por meio do juiz titular dessa jurisdição, com base nos escritos do professor Pedro Scuro Neto, o projeto "não surgiu de uma planilha de planejamento, como poderia supor-se ser o caso de um projeto piloto, mas tem suas raízes num percurso de aprendizagem histórica a respeito dos conceitos, procedimentos e valores propostos pela Justiça Restaurativa" (Brancher; Aguinsky, 2020, p. 14).

> **O conceito de mediação comunitária ultrapassa o conceito de mediação de conflitos, pois pode ser também compreendido como mediação da rede social – articulação e fortalecimento de pessoas, serviços e recursos necessários em uma território e/ou uma comunidade.**

Os estudos acerca da justiça restaurativa passaram a ser incorporados nas atividades jurisdicionais e de atendimento técnico na execução das medidas socioeducativas da 3ª Vara da Infância e da Juventude de Porto Alegre. Aos poucos, foram sendo aplicados em casos concretos envolvendo vítimas e infratores.

Conforme expõem Brancher e Aguinsky (2020, p. 15),

> Nesse campo, iniciativas fundadas no modelo tradicional de autoridade controladora e punitiva, tais como representações e denúncias administrativas, ou requisições de instauração de procedimentos inquisitórios para apuração de falhas nos serviços de atendimento a adolescentes, foram progressivamente dando lugar a procedimentos circulares, inclusivos e dialogados, promovendo-se intensiva participação e responsabilização e autonomia das equipes de assessoramento técnico tanto do Juizado quanto das instituições parceiras, sobretudo a Fundação de Atendimento Socioeducativo – FASE, que executa o atendimento das medidas socioeducativas privativas da liberdade, e a Fundação de Assistência Social e Cidadania – FASC, cujo programa PEMSE executa o atendimento das medidas socioeducativas de meio aberto. A medida que foram sendo reiteradas no cotidiano, essas atividades foram sendo sistematizadas e, atualmente consagradas com o nome de "reuniões de fluxo", já se encontram incorporadas à rotina dos serviços.

O chamado *caso zero* da justiça restaurativa local, ocorrido em 4 de julho de 2002, envolvia dois adolescentes sentenciados à internação por atos infracionais equivalentes a roubo com emprego de arma de fogo, invasão de domicílio e retenção de vítimas como reféns. Os adolescentes participaram de encontros com as vítimas, nos quais foram aplicadas técnicas de mediação. Eles ficaram internados por cinco meses e, depois, foram liberados para o regime semiaberto no final de 2002 e monitorados periodicamente, sem notícias de reincidência judicial até 2007 (Brancher; Aguinsky, 2020).

Assim, inicialmente, o Projeto Justiça para o Século 21 contemplou a fase de execução da medida socioeducativa. Mesmo para os adolescentes que estavam cumprindo a medida de internação foi oferecida a possibilidade de participar de encontros restaurativos, para que recebessem, em troca, a concessão de benefícios, como saídas temporárias.

Então, no ano de 2004, foi criado um núcleo de estudos pela Escola Superior da Magistratura Federal da Associação dos Juízes do Rio Grande do Sul (Ajuris). Nesse período, e por iniciativa da Ajuris, com o apoio de órgãos financiadores como o Programa das Nações Unidas para o Desenvolvimento (PNUD), a Organização das Nações Unidas para a Educação, a Ciência e a Cultura (Unesco) e a Secretaria Especial de Direitos Humanos da Presidência da República (SEDH), o projeto se transformou em um programa e passou a abranger outros espaços institucionais, como as unidades de privação de liberdade da Fundação de Atendimento Socioeducativo (Fase), unidades de medidas socioeducativas em meio aberto, escolas e instituições de acolhimento (Rio Grande do Sul, 2013a).

Na sequência desse acontecimento, em janeiro de 2005, em Porto Alegre, ocorreu o 3° Fórum Social Mundial, que contou com a presença de Marshall Rosenberg, propositor da comunicação não violenta (CNV), já apresentada em capítulo anterior. Com o apoio do núcleo de estudos, na ocasião, tornou-se possível promover a realização de quatro *workshops* com o psicólogo, sendo que o primeiro e mais estruturado deles, com duração de dois dias, foi sediado na própria escola da magistratura.

Assim, o Programa Justiça para o Século 21 passou a contar com a contribuição da CNV para o início das capacitações e da própria realização dos círculos restaurativos.

Nesse mesmo ano, no contexto do Fórum Social Mundial, a parceria com a Secretaria da Reforma do Judiciário (SRJ), que articulava o Projeto Promovendo Práticas Restaurativas no Sistema de Justiça Brasileiro, possibilitou a participação do Juizado de Porto Alegre como um dos pilotos de implantação da justiça restaurativa no Brasil.

Em junho de 2013, o Decreto Estadual n. 50.431, publicado no Rio Grande do Sul, criou "procedimentos restaurativos decorrentes da apuração de atos que violem os direitos humanos individuais ou coletivos" (Rio Grande do Sul, 2013b) e instituiu a Câmara Restaurativa Estadual.

A partir desse momento, com o investimento em estudos e capacitações – entre eles, a absorção da metodologia apresentada por Kay Pranis (2010) sobre os processos circulares –, ocorreu a disseminação da experiência adquirida pelo Programa Justiça para o Século 21 para outros espaços, como escolas, sistema prisional e assistência social. Assim, a Ajuris passou a ser referência em cursos e experiências na justiça restaurativa no Brasil.

A proposta desse programa do Rio Grande do Sul apresenta estratégias emancipatórias e consiste em divulgar e aplicar as práticas da justiça restaurativa na resolução de conflitos em escolas, organizações não governamentais (ONGs) e comunidades, bem como no Sistema de Justiça da Infância e da Juventude, como uma estratégia de enfrentamento e prevenção à violência.

7.3.3 Projeto Justiça, Educação, Comunidade: Parcerias para a Cidadania

O Projeto Justiça, Educação, Comunidade: Parcerias para a Cidadania, desenvolvido em São Caetano do Sul, em São Paulo, também é considerado uma das primeiras experiências-piloto em justiça comunitária e restaurativa no Brasil, com início em abril de 2005.

No começo, o projeto contou com uma colaboração entre os sistemas de justiça e educacional e com o envolvimento das redes sociais e da comunidade, para atender adolescentes envolvidos em atos infracionais, na fase pré-processual. O propósito era evitar que os indivíduos que cometessem atos infracionais em ambientes escolares fossem encaminhados formalmente ao Judiciário, possibilitando "às pessoas, às comunidades e às organizações tornarem-se protagonistas e corresponsáveis pela construção de uma cidade justa, segura e educativa onde os direitos individuais e sociais dos cidadãos e cidadãs fossem atendidos" (Pedroso; Daou, 2014, p. 161).

Alguns fatores-chave motivaram a implementação desse projeto: a dificuldade de o adolescente se responsabilizar pelos seus atos, muitas vezes por não compreender o impacto de suas ações, no âmbito do modelo tradicional de justiça; a ineficiência do sistema tradicional de justiça em dar a devida atenção à vítima, considerando seu sofrimento, sua dor e a reparação do dano causado; o fato de as medidas socioeducativas tenderem a gerar um efeito negativo e estigmatizador para o adolescente, não contribuindo efetivamente para sua inclusão na sociedade; a necessidade de enfatizar o caráter pedagógico das medidas socioeducativas, aproximando justiça e educação (Melo, 2005).

Ademais, o juiz da Vara da Infância e da Juventude de São Caetano do Sul constatou que havia uma similaridade entre o tratamento dado aos casos de transgressões escolares e o dado aos atos de vandalismo, ameaças ou agressões, especialmente pelo encaminhamento de ocorrências de transgressões escolares ao sistema de justiça, tratadas como casos de polícia, e não de indisciplina escolar (Melo; Ednir; Yazbek, 2008).

Inicialmente, em São Caetano do Sul, o projeto envolveu três escolas, que voluntariamente aderiram à proposta. Assim, com as instituições escolares abertas para receber o projeto, tornou-se possível proceder à formação adequada de atores escolares, assistentes sociais e conselho tutelar, para atuarem como facilitadores de práticas restaurativas (Melo; Ednir; Yazbek, 2008).

No início do projeto, para facilitar os encontros que aconteceriam com os adolescentes, foram utilizadas as práticas de círculos restaurativos, inspirados no modelo da CNV. Os círculos foram formados em três etapas: a primeira foi a etapa de compreensão mútua, proporcionando um processo de identificação entre os participantes para se perceberem como semelhantes; na segunda, etapa denominada *luto e transformação*, houve o reconhecimento do dano ou do ato de transgressão e das escolhas e responsabilidades; por fim, na etapa do acordo, os participantes buscaram identificar meios e ações que pudessem reparar, restaurar e reintegrar (Melo; Ednir; Yazbek, 2008).

O projeto também previu a sensibilização do sistema infantojuvenil, envolvendo diretores de escolas, servidores do Judiciário, do conselho tutelar, da assistência social, da saúde e da segurança pública. Ainda, uma outra frente de atuação do projeto contemplou a articulação da rede de atendimentos aos direitos da criança e do adolescente.

Em 2006, o projeto foi ampliado para a comunidade, com o propósito de "atender pessoas envolvidas em situações de disputas de vizinhança e violência doméstica" (Pedroso; Daou, 2014, p. 161). Com essa ampliação, foi criado o Projeto Comunidade e Justiça em Parceria para a Promoção de Respeito e Civilidade nas Relações Familiares e de Vizinhança, voltado aos grupos de lideranças de minorias sociais.

Na fase inicial desse projeto, ocorreram ações de esclarecimento e sensibilização desses grupos. Além disso, ele teve como fundamento para as reuniões restaurativas a metodologia sul-africana Zwelethemba, "cujo foco é a construção de um plano de ação comunitária, privilegiando a mudança da comunidade na qual a situação de violência é vista com um problema para todos" (Pedroso; Daou, 2014, p. 162).

A experiência de São Caetano do Sul, além de sua importância pelo pioneirismo, demonstra a amplitude da justiça restaurativa e evidencia os contextos em que ela pode ser aplicada, como na escola, no Poder Judiciário e nas comunidades.

Síntese

Neste capítulo, destacamos que o fortalecimento do senso de comunidade tem grande importância na vida social, pois gera responsabilidade, pertencimento e reconhecimento da pluralidade humana, por meio da criação de espaços de participação, cooperação e geração de ideias criativas e da instauração de processos decisórios mais includentes.

Sob essa ótica, a formação de redes sociais mais dinâmicas contribui para romper o isolamento, dando visibilidade aos recursos disponíveis e ajudando a desenvolver novas práticas e formas de relacionamento, de modo a impactar diretamente as dimensões individual, grupal e coletiva.

Analisamos algumas experiências de projetos que ocorreram no Brasil e que, à procura de soluções para dificuldades institucionais, ampliaram a atuação das justiças comunitária e restaurativa, envolvendo a comunidade e buscando a intersetorialidade.

Nesse sentido, vimos o Programa Justiça Comunitária, que funciona *na* e *para* a comunidade por meio de apoios institucionais, viabilizando a participação e o empoderamento em processos decisórios que impactam a própria comunidade.

No âmbito específico da justiça comunitária, também mostramos algumas experiências pioneiras: uma no Rio Grande do Sul (Projeto Justiça para o Século 21) e outra em São Caetano do Sul (Projeto Justiça, Educação, Comunidade: Parcerias para a Cidadania).

O Projeto Justiça para o Século 21, que inicialmente envolvia adolescentes em conflito com a lei, possibilitou a criação de espaços de diálogo e a participação entre os envolvidos, com base em estratégias emancipatórias e de prevenção da violência.

Já o Projeto Justiça, Educação, Comunidade: Parcerias para a Cidadania, que teve início com uma colaboração entre os sistemas de justiça e educacional, foi ampliado e também passou a integrar toda a comunidade.

Para saber mais

FOLEY, G. F. (Org.). **Justiça comunitária:** uma experiência. 2. ed. Brasília: Ministério da Justiça; Tribunal de Justiça do Distrito Federal, 2008. Disponível em: <https://www.tjdft.jus.br/informacoes/cidadania/justica-comunitaria/publicacoes/arquivos/justica_comunitaria2ed.pdf>. Acesso em: 4 maio 2020.

Esse material apresenta uma visão ampla e contextualizada do Programa Justiça Comunitária, considerando seus eixos de atuação e seu funcionamento.

MELO, E. R.; EDNIR, M.; YAZBEK, V. C. **Justiça restaurativa e comunitária em São Caetano do Sul**: aprendendo com os conflitos a respeitar direitos e promover cidadania. Brasília: Secretaria Especial de Direitos Humanos da Presidência da República, 2008. Disponível em: <http://www.tjsp.jus.br/Download/CoordenadoriaInfanciaJuventude/JusticaRestaurativa/SaoCaetanoSul/Publicacoes/jr_sao-caetano_090209_bx.pdf>. Acesso em: 4 maio 2020.

Nesse documento, você poderá conhecer mais sobre o programa de justiça restaurativa e comunitária desenvolvido em São Caetano do Sul, compreendendo melhor seus marcos teóricos e suas dimensões práticas.

RIO GRANDE DO SUL. Tribunal de Justiça do Rio Grande do Sul. **Programa Justiça Restaurativa para o Século 21**. Disponível em: <https://www.tjrs.jus.br/export/poder_judiciario/tribunal_de_justica/corregedoria_geral_da_justica/projetos/projetos/justica_sec_21/J21_TJRS_P_e_B.pdf>. Acesso em: 4 maio 2020.

Esse material apresenta o Programa Justiça para o Século 21, seus objetivos, suas frentes de atuação, seus instrumentais técnicos e a forma como foi sendo desenvolvido desde sua concepção.

Questões para revisão

1. Diferencie controle social formal de controle social informal.

2. O que se entende por *animação de redes sociais*?

3. Com base no estudo deste capítulo, avalie as assertivas a seguir:

   I) Para Boaventura de Sousa Santos (2007b), o processo de transformação social, das relações de poder existentes na sociedade capitalista em espaços emancipatórios, pode envolver seis espaços: doméstico, de produção, do mercado, da comunidade, da cidadania e mundial.
   II) O assistencialismo cria relações de dependência, contrapondo-se ao projeto emancipatório e sufocando o desenvolvimento de comunidade.
   III) O desenvolvimento comunitário ocorre mediante relações verticais na busca de soluções de problemas e melhoria da qualidade de vida.

   Agora, assinale a alternativa que apresenta a resposta correta:

   a) As assertivas II e III são verdadeiras.
   b) Apenas a assertiva I é verdadeira.
   c) Apenas a assertiva III é verdadeira.
   d) As assertivas I e II são verdadeiras.

4. Indique a seguir a alternativa que apresenta o nome da experiência apresentada neste capítulo que se iniciou com a colaboração entre os sistemas de justiça e de educação:

   a) Justiça para o Século 21.
   b) Justiça Comunitária.
   c) Justiça, Educação, Comunidade.
   d) Mediação Comunitária.

5. Com base na definição de Jane Jacobs (2000), assinale a alternativa que **não** apresenta uma das características de cidades vivas:

a) O bem-estar social é criado pelo Estado.
b) Há a prevalência da cooperação.
c) As pessoas atuam em rede.
d) Os padrões de organização são horizontais.

Questão para reflexão

1. Com base no estudo deste capítulo e em seus conhecimentos acerca de experiências fundadas com base na participação da comunidade para a tomada de decisões, reflita sobre o trecho a seguir, extraído do texto intitulado "En'owkin: a tomada de decisões que leva em conta a sustentabilidade", de Jeannette Armstrong, o qual integra a obra *Alfabetização ecológica: a educação das crianças para um mundo sustentável*, organizada por Michael K. Stone e Zenobia Barlow.

PARA O POVO OKANAGAN, assim como para todos os povos que se autossustentam com economias biorregionais, o entendimento que a comunidade como um todo precisa ter para poder alcançar a sustentabilidade resulta da sobrevivência grupal de milhares de anos. Os aspectos práticos da disposição de trabalhar em conjunto num sistema que envolve toda a comunidade surgiu claramente da necessidade de cooperar para sobreviver. Entretanto, para mim, a palavra "cooperação" não basta para descrever a natureza orgânica pela qual os membros da comunidade continuam, bem além da necessidade, a cultivar os princípios que são fundamentais para cuidarem uns dos outros e das outras formas de vida.

Os princípios desse processo me parecem simples, porque estão profundamente enraizados dentro de mim. Não consigo ver como a comunidade poderia atuar sem eles. Mas, tendo que explicitá-los para outras pessoas, eu acabei percebendo a complexidade e profundidade de seu significado.

Fonte: Armstrong, 2006, p. 41.

Considerações finais

A justiça restaurativa não deve ser compreendida como panaceia para todos os problemas que atingem a humanidade. Porém, cabe notar sua grande relevância na condição de um novo paradigma, isto é, de novas formas de enxergar a realidade e de interagir com ela, especialmente na construção de uma sociedade menos bélica e litigiosa. Nesse sentido, olhar o mundo pelas lentes restaurativas requer uma profunda mudança interna, uma desconstrução de aprendizados calcados em uma cultura da dominação que exacerba o individualismo, o utilitarismo, o consumismo, a competitividade e a anulação do ser humano, por meio de sua concepção unitária, como espécie.

Muitos dos conflitos que emergem na sociedade contemporânea têm raízes nas dificuldades que enfrentamos em lidar com as diferenças culturais, sociais, étnicas e religiosas, que frequentemente nos cegam e não nos permitem ver nossa própria humanidade, que é cuidadosa e amorosa.

Tais dificuldades se refletem em um sistema que produz guerras, injustiças sociais, desequilíbrio ambiental e intolerância religiosa, várias das mazelas que costumeiramente vemos noticiadas. Nesse contexto, os fundamentos da justiça restaurativa retomam e incluem valores importantes para uma mudança nas esferas relacional, institucional e social, com base em princípios que fazem parte da vida, de nossa própria humanidade, resgatando a dimensão ética. Devemos lembrar que somos dotados de uma humanidade compartilhada que é subjacente à nossa diversidade. Assim, o que nos conecta como humanos são os valores de participação, respeito, honestidade, pertencimento e sentido.

A construção de uma cultura baseada na não violência requer uma mudança profunda e estrutural em nossa sociedade, a qual, segundo Bohm (2005), baseia-se em significados que são compartilhados, os quais constituem a cultura. Desse modo, o protagonismo e os encontros que promovem diálogos podem desencadear mudanças individuais e contribuir para mudar o padrão da teia de conversações, tecendo conexões mais amorosas e cuidadosas.

Conseguimos perceber esse processo por meio do movimento da justiça restaurativa, que se iniciou pelo protagonismo de algumas pessoas na tentativa de buscar novas formas de lidar com as violações presentes em nossa sociedade, de maneira mais participativa, colaborativa e dialogada. E o compartilhamento de experiências e de estudos que revisitaram temas tão presentes em nosso dia a dia, como punição e justiça, possibilitou a disseminação de um novo modo de conceber as relações, expandindo esses conceitos para um terreno mais amplo de interações sociais, sistemas familiares, educacionais e organizacionais.

Referências

ACHUTTI, D. **Justiça restaurativa e abolicionismo penal**: contribuições para um novo modelo de administração de conflitos no Brasil. São Paulo: Saraiva, 2014.

AMSTUTZ, L. S.; MULLET, J. H. **Disciplina restaurativa para escolas**: responsabilidade e ambientes de cuidado mútuo. Tradução de Tônia Van Acker. São Paulo: Palas Athena, 2012.

ARIÈS, P. **História social da criança e da família**. Tradução de Dora Flaksman. 2. ed. Rio de Janeiro: Guanabara, 2006.

ARMSTRONG, J. C. En'owkin: a tomada de decisões que leva em conta a sustentabilidade. In: STONE, M. K.; BARLOW, Z. (Org.). **Alfabetização ecológica**: a educação das crianças para um mundo sustentável. Tradução de Carmen Fischer. São Paulo: Cultrix, 2006. p. 39-45.

ASSUMPÇÃO, C. P. de A.; YAZBEK, V. C. Justiça restaurativa: um conceito em desenvolvimento. In: GRECCO, A. et al. **Justiça restaurativa em ação**: práticas e reflexões. São Paulo: Dash, 2014. p. 41-61.

AZEVEDO, A. G. de (Org.). **Manual de mediação judicial**. 4. ed. Brasília: Ministério da Justiça; PNUD, 2013.

AZEVEDO, A. G. de. O componente de mediação vítima-ofensor na justiça restaurativa: uma breve apresentação de uma inovação epistemológica na autocomposição penal. In: SLAKMON, C.; DE VITTO, R. C. P.; PINTO, R. S. G. (Org.). **Justiça restaurativa**. Brasília: Ministério da Justiça; PNUD, 2005. p. 135-162.

BARCKLEY, H. **Conto**: Flor vermelha de caule verde! 2010. Disponível em: <https://edisciplinas.usp.br/pluginfile. php/3255227/mod_resource/content/1/Conto%20-%20Flor%20 vermelha%20de%20caule%20verde.pdf>. Acesso em: 4 maio 2020.

BOHM, D. **Diálogo**: comunicação e redes de convivência. Tradução de Humberto Mariotti. São Paulo: Palas Athena, 2005.

BOYES-WATSON, C.; PRANIS, K. **No coração da esperança**: guia de práticas circulares – o uso de círculos de paz para desenvolver a inteligência emocional, promover a cura e construir relacionamentos saudáveis. Tradução de Fátima De Bastiani. Porto Alegre: Tribunal de Justiça do Rio Grande do Sul; Departamento de Artes Gráficas, 2011.

BRANCHER, L.; AGUINSKY, B. **Projeto Justiça para o Século 21**. Disponível em: <http://justica21.web1119.kinghost.net/arquivos/ bib_241.doc>. Acesso em: 4 maio 2020.

BRASIL. Conselho Nacional de Justiça. Resolução n. 125, de 29 de novembro de 2010. Diário de Justiça Eletrônico, n. 219, 1º dez. 2010. Disponível em: <https://atos.cnj.jus.br/files/ resolucao_125_29112010_03042019145135.pdf>. Acesso em: 4 maio 2020.

_____. Resolução n. 225, de 31 de maio de 2016. Diário de Justiça Eletrônico, n. 91, 2 jun. 2016. Disponível em: <https://atos.cnj.jus. br/files/resolucao_225_31052016_02062016161414.pdf>. Acesso em: 4 maio 2020.

BRASIL. Constituição (1988). **Diário Oficial da União**, Brasília, DF, 5 out. 1988. Disponível em: <http://www.planalto.gov.br/ ccivil_03/constituicao/constituicao.htm>. Acesso em: 4 maio 2020.

BRASIL. Decreto-Lei n. 2.848, de 7 de dezembro de 1940. **Diário Oficial da União**, Poder Executivo, Brasília, DF, 31 dez. 1940. Disponível em: <http://www.planalto.gov.br/ccivil_03/decreto-lei/del2848.htm>. Acesso em: 4 maio 2020.

BRASIL. Decreto n. 99.710, de 21 de novembro de 1990. **Diário Oficial da União**, Poder Executivo, Brasília, DF, 22 nov. 1990a. Disponível em: <http://www.planalto.gov.br/ccivil_03/decreto/1990-1994/D99710.htm>. Acesso em: 4 maio 2020.

BRASIL. Lei n. 8.069, de 13 de julho de 1990. **Diário Oficial da União**, Poder Legislativo, Brasília, 16 jul. 1990b. Disponível em: <http://www.planalto.gov.br/ccivil_03/leis/l8069.htm>. Acesso em: 4 maio 2020.

BRASIL. Lei n. 9.099, de 26 de setembro de 1995. **Diário Oficial da União**, Poder Legislativo, Brasília, DF, 27 set. 1995. Disponível em: <http://www.planalto.gov.br/ccivil_03/LEIS/L9099.htm>. Acesso em: 4 maio 2020.

_____. Lei n. 12.594, de 18 de janeiro de 2012. **Diário Oficial da União**, Poder Executivo, Brasília, DF, 19 jan. 2012. Disponível em: <http://www.planalto.gov.br/ccivil_03/_ato2011-2014/2012/lei/l12594.htm>. Acesso em: 4 maio 2020.

BRASIL. Presidência da República. Secretaria Especial dos Direitos Humanos. Conselho Nacional dos Direitos da Criança e do Adolescente. **Sistema Nacional de Atendimento Socioeducativo – Sinase**. Brasília, 2006. Disponível em: <http://www.conselhodacrianca.al.gov.br/sala-de-imprensa/publicacoes/sinase.pdf>. Acesso em: 4 maio 2020.

BROWN, B. **A arte da imperfeição**: abandone a pessoa que você acha que deve ser e seja você mesmo. Tradução de Antonio Carlos Vilela dos Reis. Ribeirão Preto: Novo Conceito, 2012.

_____. **A coragem de ser imperfeito**. Tradução de Joel Macedo. Rio de Janeiro: Sextante, 2013.

CAPRA, F. **As conexões ocultas**: ciência para uma vida sustentável. Tradução de Marcelo Brandao Cipolla. São Paulo: Cultrix, 2002.

_____. **A teia da vida**: uma nova compreensão científica dos sistemas vivos. Tradução de Newton Roberval Eichemberg. 9. ed. São Paulo: Cultrix, 2000.

CAPRA, F.; MATTEI, U. **A revolução ecojurídica**: o direito sistêmico em sintonia com a natureza e a comunidade. Tradução de Jeferson Luiz Camargo. São Paulo: Cultrix, 2018.

CAPRA, F.; STEINDL-RAST, D. **Pertencendo ao universo**: explorações nas fronteiras da ciência e da espiritualidade. Tradução de Maria de Lourdes Eichenberger e Newton Roberval Eichemberg. São Paulo: Cultrix, 1991.

CARTA de Araçatuba: princípios de justiça restaurativa. In: SIMPÓSIO BRASILEIRO DE JUSTIÇA RESTAURATIVA, 1., 2005, Araçatuba. Disponível em: <http://jij.tjrs.jus.br/doc/justica-restaurativa/CARTA-DE-ARACATUBA.pdf>. Acesso em: 4 maio 2020.

CONVENÇÃO Americana de Direitos Humanos. (Pacto de San José da Costa Rica). San José, 1969. Disponível em: <http://www.pge.sp.gov.br/centrodeestudos/bibliotecavirtual/instrumentos/sanjose.htm>. Acesso em: 4 maio 2020.

COSTELLO, B.; WACHTEL, J.; WACHTEL, T. **Restorative Circles in Schools**: Building Community and Enhancing Learning. Bethlehem: International Institute for Restorative Practices, 2011.

CSIKSZENTMIHALYI, M. **Fluir (Flow)**: una psicología de la felicidad. Tradução de Nuria Lópes. Barcelona: Kairós, 2016.

DELORS, J. et al. **Educação**: um tesouro a descobrir – Relatório para a Unesco da Comissão Internacional sobre Educação para o século XXI. Tradução de Guilherme João de Freitas Teixeira. Brasília: Unesco, 2010. Disponível em: <https://unesdoc.unesco.org/ark:/48223/pf0000109590_por>. Acesso em: 4 maio 2020.

ELLIOTT, E. M. **Segurança e cuidado**: justiça restaurativa e sociedades saudáveis. Tradução de Cristina Telles Assumpção. São Paulo: Palas Athena; Brasília: Abraminj, 2018.

EVANS, K.; VAANDERING, D. **Justiça restaurativa na educação**: promover responsabilidade, cura e esperança nas escolas. Tradução de Tônia Van Acker. São Paulo: Palas Athena, 2018.

FOLEY, G. F. (Org.). **Justiça comunitária**: uma experiência. Brasília: Ministério da Justiça; Tribunal de Justiça do Distrito Federal, 2006. Disponível em: <https://www.tjdft.jus.br/informacoes/cidadania/justica-comunitaria/publicacoes/arquivos/uma_experiencia.pdf>. Acesso em: 4 maio 2020.

FOLEY, G. F. (Org.). **Justiça comunitária**: uma experiência. 2. ed. Brasília: Ministério da Justiça; Tribunal de Justiça do Distrito Federal, 2008. Disponível em: <https://www.tjdft.jus. br/informacoes/cidadania/justica-comunitaria/publicacoes/ arquivos/justica_comunitaria2ed.pdf>. Acesso em: 4 maio 2020.

FOUCAULT, M. **Vigiar e punir**: história da violência nas prisões. Tradução de Raquel Ramalhete. Petrópolis: Vozes, 1987.

FREUD, S. **O mal-estar na civilização**. Tradução de Paulo César de Souza. São Paulo: Penguin; Companhia das Letras, 2011. (Grandes Ideias).

GIAMBERARDINO, A. **Crítica da pena e justiça restaurativa**: a censura para além da punição. Florianópolis: Empório do Direito, 2015.

GOLEMAN, D. **Inteligência emocional**: a teoria revolucionária que redefine o que é ser inteligente. Tradução de Marcos Santarrita. Rio de Janeiro: Objetiva, 1995.

_____. **Inteligência social**: o poder das relações humanas. Tradução de Ana Beatriz Rodrigues. Rio de Janeiro: Elsevier, 2006.

GROSSI, P. **Mitología jurídica de la modernidad**. Madrid: Trotta, 2003.

_____. **Primeira lição sobre direito**. Tradução de Ricardo Marcelo Fonseca. Rio de Janeiro: Forense, 2006.

HOBBES, T. **Leviatã ou matéria, forma e poder de um Estado eclesiástico e civil**. Tradução de Rosina D'Angina. 2. ed. São Paulo: M. Claret, 2008.

JACOBS, J. **Morte e vida de grandes cidades**. Tradução de Carlos S. Mendes Rosa. 4. ed. São Paulo: M. Fontes, 2000.

JOÃO, C. U.; ARRUDA, E. de S. A justiça restaurativa e sua implantação no Brasil. **Revista da Defensoria Pública da União**, Brasília, n. 7, p. 187-210, jan./dez. 2014. Disponível em: <https://revistadadpu.dpu.def.br/index.php/revistadadpu/article/ view/124>. Acesso em: 4 maio 2020.

JUSTIÇA RESTAURATIVA UEM. **Janela de disciplina social**. 29 jun. 2013. Disponível em: <http://justicarestaurativauem. blogspot.com/2013/06/janela-de-disciplina-social-paul-mccold. html>. Acesso em: 4 maio 2020.

KUHN, T. S. **A estrutura das revoluções científicas**. Tradução de Beatriz Vianna Boeira e Nelson Boeira. 5. ed. São Paulo: Perspectiva, 1997.

KRZNARIC, R. **O poder da empatia**: a arte de se colocar no lugar do outro, para transformar o mundo. Tradução Maria Luiza X. de A. Borges. Rio de Janeiro: Zahar, 2015.

MACIEL, K. R. F. L. A. (Coord.). **Curso de direito da criança e do adolescente**: aspectos teóricos e práticos. 10. ed. São Paulo: Saraiva, 2017.

MACY, J.; BROWN, M. Y. **Nossa vida como Gaia**: práticas para reconectar nossa vidas e nosso mundo. Tradução de Marcello Borges. São Paulo: Gaia, 2004.

MASSA, A. A. G. A utilização dos processos circulares no ambiente universitário: uma proposta para construção integrada do saber e do ser. In: JORNADA DE ESTUDOS E PESQUISAS SOBRE JUSTIÇA RESTAURATIVA DO PROGRAMA DE PÓS-GRADUAÇÃO EM CIÊNCIAS SOCIAIS APLICADAS, 1., 2016, Ponta Grossa. **Anais**... Ponta Grossa: UEPG, 2016. Disponível em: <https://bit.ly/2VLsGzy>. Acesso em: 4 maio 2020.

_____. **Justiça comunitária**: um resgate da complexidade jurídica – direito e sociedade no Sítio Cercado e na Ilha das Peças. 155 f. Dissertação (Mestrado em Organizações e Desenvolvimento) – Centro Universitário Franciscano do Paraná, Curitiba, 2009. Disponível em: <http://dominiopublico.mec.gov.br/download/teste/arqs/cp094359.pdf>. Acesso em: 4 maio 2020.

MASSA, A. A. G.; PEREIRA, L. F. L. Democratização da justiça a partir do fortalecimento da comunidade. **Revista Eletrônica Direito e Política**, Itajaí, v. 6, n. 3, p. 764-790, set./dez. 2011. Disponível em: <https://siaiap32.univali.br/seer/index.php/rdp/article/download/5686/3072>. Acesso em: 4 maio 2020.

MATURANA, H. R. Conversações matrísticas e patriarcais. In: MATURANA, H. R.; VERDEN-ZÖLLER, G. **Amar e brincar**: fundamentos esquecidos do humano do patriarcado à democracia. Tradução de Humberto Mariotti e Lia Diskin. São Paulo: Palas Athena, 2004. p. 25-115.

MATURANA, H. R. Prefácio. In: EISLER, R. **O cálice e a espada**: nosso passado, nosso futuro. Tradução de Tônia Van Acker. São Paulo: Palas Athena, 2007. p. 13-20.

MATURANA, H. R.; VERDEN-ZÖLLER, G. **Amar e brincar**: fundamentos esquecidos do humano do patriarcado à democracia. Tradução de Humberto Mariotti e Lia Diskin. São Paulo: Palas Athena, 2004.

MATURANA, H.; DÁVILA, X. **El arbol del vivir**. Santiago: Escuela Matriztica; MVP, 2015.

_____. **Habitar humano**: em seis ensaios de biologia-cultural. Tradução de Edson Araújo Cabral. São Paulo: Palas Athena, 2009.

MCCOLD, P.; WACHTEL, T. Em busca de um paradigma: uma teoria de justiça restaurativa. In: CONGRESSO MUNDIAL DE CRIMINOLOGIA, 13., 2003, Rio de Janeiro. Disponível em: <http://www.iirp.edu/pdf/paradigm_port.pdf>. Acesso em: 4 maio 2020.

MEIRELLES, C. A.; YAZBEK, V. C. Formatos conversacionais nas metodologias restaurativas. In: GRECCO, A. et al. **Justiça restaurativa em ação**: práticas e reflexões. São Paulo: Dash, 2014. p. 107-126.

MELO, E. R. Justiça e educação: parceria para a cidadania. **Prêmio Innovare**, n. 2, 2005. Disponível em: <https://premioinnovare. com.br/proposta/justica-e-educacao-parceria-para-a-cidadania-473/print>. Acesso em: 4 maio 2020.

MELO, E. R.; EDNIR, M.; YAZBEK, V. C. **Justiça restaurativa e comunitária em São Caetano do Sul**: aprendendo com os conflitos a respeitar direitos e promover cidadania. São Paulo: Secretaria Especial de Direitos Humanos da Presidência da República, 2008. Disponível em: <http://www.tjsp.jus.br/ Download/CoordenadoriaInfanciaJuventude/JusticaRestaurativa/ SaoCaetanoSul/Publicacoes/jr_sao-caetano_090209_bx.pdf>. Acesso em: 4 maio 2020.

MELO NETO, F. P. de; FROES, C. **Empreendedorismo social**: a transição para a sociedade sustentável. Rio de Janeiro: Qualitymark, 2002.

MOORE, C. W. **O processo de mediação**: estratégias práticas para a resolução de conflitos. Tradução de Magda França Lopes. 2. ed. Porto Alegre: Artes Médicas, 1998.

MORIN, E. **Introdução ao pensamento complexo**. Tradução de Eliane Lisboa. Porto Alegre: Sulina, 2006.

_____. **Os setes saberes necessários à educação do futuro**. Tradução de Catarina Eleonora F. da Silva e Jeanne Sawaya. 8. ed. São Paulo: Cortez; Brasília: Unesco, 2003.

MULLER, J.-M. **O princípio da não violência**: uma trajetória filosófica. Tradução de Inês Polegato. São Paulo: Palas Athena, 2007.

MULLET, J. H.; AMSTUTZ, L. S. **Disciplina restaurativa para escolas**. Tradução de Tônia Van Acker. São Paulo: Palas Athena, 2012.

NAZARETH, E. R. **Mediação**: o conflito e a solução. São Paulo: Arte Paubrasil, 2009.

NEUMANN, L. T. V.; NEUMANN, R. A. **Desenvolvimento comunitário baseado em talentos e recursos locais** – ABCD. São Paulo: Global, 2004a.

_____. **Repensando o investimento social**: a importância do protagonismo comunitário. São Paulo: Global, 2004b.

NOLETO, M. J. A construção da cultura de paz: dez anos de história. In: UNESCO – Organização das Nações Unidas para a Educação, a Ciência e a Cultura. **Cultura de paz**: da reflexão à ação. Balanço da Década Internacional da Promoção da Cultura de Paz e Não Violência em Benefício das Crianças do Mundo. Brasília: Unesco; São Paulo: Associação Palas Athena, 2010. p. 11-36.

ONU – Organização das Nações Unidas. Assembleia Geral. Resolução n. 40/33, de 20 de novembro de 1985. Disponível em: <https://undocs.org/en/A/RES/40/33>. Acesso em: 4 maio 2020.

ONU – Organização das Nações Unidas. Assembleia Geral. Resolução n. 53/243, de 6 de outubro de 1999a. Disponível em: <http://www.comitepaz.org.br/download/ Declara%C3%A7%C3%A3o%20e%20Programa%20de%20 A%C3%A7%C3%A3o%20sobre%20uma%20Cultura%20de%20 Paz%20-%20ONU.pdf>. Acesso em: 4 maio 2020.

ONU – Organização das Nações Unidas. Conselho Econômico e Social. Resolução n. 1999/26, de 28 de julho de 1999b. Disponível em: <https://www.unodc.org/documents/commissions/CCPCJ/Crime_Resolutions/1990-1999/1999/ECOSOC/Resolution_1999-26.pdf>. Acesso em: 4 maio 2020.

_____. Resolução n. 2002/12, de 24 de julho de 2002. Disponível em: <http://www.juridica.mppr.mp.br/arquivos/File/MPRestaurativoEACulturadePaz/Material_de_Apoio/Resolucao_ONU_2002.pdf>. Acesso em: 4 maio 2020.

ORSINI, A. G. de S.; LARA, C. A. S. **A justiça restaurativa**: uma abrangente forma de tratamento de conflitos. 2013. Disponível em: <http://as1.trt3.jus.br/bd-trt3/bitstream/handle/11103/2665/adriana_sena_justica_restaurativa.pdf?sequence=1>. Acesso em: 4 maio 2020.

PARKINSON, L. **Mediação familiar**. Tradução de Erica de Paula Salgado. Belo Horizonte: Del Rey, 2016.

PAUL ZAK – O poder da ocitocina na construção da confiança. Conferência do Fronteiras do Pensamento. 14 ago. 2014. Disponível em: <https://youtu.be/WVwuSohiwbU>. Acesso em: 21 abr. 2020.

PEDROSO, H. H.; DAOU, V. Metodologia Zwelethemba e sua aplicabilidade na comunidade de São Caetano do Sul – São Paulo – Brasil. In: GRECCO, A. et al. **Justiça restaurativa em ação**: práticas e reflexões. São Paulo: Dash, 2014. p. 159-182.

PELIZZOLI, M. L. A importância da justiça restaurativa: em direção à realização da justiça. In: CARDOSO, F.; LUNA, M. J. M.; GALDINO, M. F. S. (Org.). **Cultura de paz**: gênero, sexualidade e diversidade. Recife: Ed. da UFPE, 2014. p. 65-80.

PRANIS, K. **Processos circulares**. Tradução de Tônia Van Acker. São Paulo: Palas Athena, 2010.

PRUDENTE, N. M.; SABADELL, A. L. Mudança de paradigma: justiça restaurativa. **Revista Jurídica Cesumar**, Maringá, v. 8, n. 1, p. 49-62, jan./jun. 2008. Disponível em: <http://periodicos.unicesumar.edu.br/index.php/revjuridica/article/viewFile/719/554>. Acesso em: 4 maio 2020.

PUTNAM, R. D. **Comunidade e democracia**: a experiência da Itália moderna. Tradução de Luiz Alberto Monjardim. 5. ed. Rio de Janeiro: FGV, 2007.

RAWLS, J. **Uma teoria da justiça**. Tradução de Almiro Pisetta e Lenita Maria R. Esteves. 2. ed. São Paulo: M. Fontes, 2002.

RECANTO DAS LETRAS. **Entre a lei e a Justiça**: a história do "mudinho". 13 ago. 2008. Disponível em: <https://www.recantodasletras.com.br/artigos/1124912>. Acesso em: 4 maio 2020.

RICARD, M. **A revolução do altruísmo**. Tradução de Inês Polegato. São Paulo: Palas Athena, 2015.

RIO GRANDE DO SUL. **CPR JIJ – Central de Práticas Restaurativas do Juizado Regional da Infância e da Juventude de POA**. 2013a. Disponível em: <http://justica21.web1119.kinghost.net/imagens/dadosj21jij.pdf>. Acesso em: 4 maio 2020.

RIO GRANDE DO SUL. Decreto n. 50.431, de 27 de junho de 2013. Diário Oficial do Estado, Porto Alegre, 28 jun. 2013b. Disponível em: <http://www.al.rs.gov.br/filerepository/repLegis/arquivos/DEC%2050.431.pdf>. Acesso em: 4 maio 2020.

ROGERS, C. R. **Sobre o poder pessoal**. Tradução de Wilma Millan Alves Penteado. São Paulo: M. Fontes, 2001.

_____. **Tornar-se pessoa**. Tradução de Manuel José do Carmo Ferreira e Alvamar Lamparelli. São Paulo: M. Fontes, 1997.

ROSENBERG, M. B. **Comunicação não violenta**: técnicas para aprimorar relacionamentos pessoais e profissionais. Tradução de Mário Vilela. São Paulo: Ágora, 2006.

SAMPAIO, L. R. C.; BRAGA NETO, A. **O que é mediação de conflitos?** São Paulo: Brasiliense, 2007. (Primeiros Passos, n. 325).

SANTOS, B. de S. **A crítica da razão indolente**: contra o desperdício da experiência. 4. ed. São Paulo: Cortez, 2002. (Para um Novo Senso Comum: a Ciência, o Direito e a Política na Transição Paradigmática, v. 1).

_____. **A gramática do tempo**: para uma nova cultura política. São Paulo: Cortez, 2006. (Para um novo Senso Comum: a Ciência, o Direito e a Política na Transição Paradigmática, v. 4).

_____. **Para uma revolução democrática da justiça**. São Paulo: Cortez, 2007a. (Questões da Nossa Época, v. 134).

SANTOS, B. de S. **Renovar a teoria crítica e reinventar a emancipação social**. São Paulo: Boitempo, 2007b.

SANTOS, B. de S. (Org.). **Democratizar a democracia**: os caminhos da democracia participativa. 3. ed. Rio de Janeiro: Civilização Brasileira, 2005. (Reinventar a Emancipação Social: para Novos Manifestos, v. 1).

SCHNITMAN, D. F. Novos paradigmas na resolução de conflitos. In: SCHNITMAN, D. F.; LITTLEJOHN, S. (Org.). **Novos paradigmas em mediação**. Tradução de Marcos A. G. Domingues e Jussara Haubert Rodrigues. Porto Alegre: Artes Médicas, 1999. p. 17-27.

SCHNITMAN, D. F.; LITTLEJOHN, S. (Org.). **Novos paradigmas em mediação**. Tradução de Marcos A. G. Domingues e Jussara Haubert Rodrigues. Porto Alegre: Artes Médicas, 1999.

SMITH, A. **A riqueza das nações**: investigação sobre sua natureza e suas causas. Tradução de Luiz João Baraúna. São Paulo: Nova Cultural, 1996. v. I e II.

_____. **Teoria dos sentimentos morais, ou, Ensaio para uma análise dos princípios pelos quais os homens naturalmente julgam a conduta e o caráter, primeiro de seus próximos, depois de si mesmos**. Tradução de Lya Luft. São Paulo: M. Fontes, 1999.

SMULL, E.; WACHTEL, J.; WACHTEL, T. **O poder da família**: engajando-se e colaborando com as famílias. Tradução de Gisele Klein e Luciene Seixas. Bethlehem: IIRP, 2013.

TIVERON, R. **Justiça restaurativa e emergência da cidadania na dicção do direito**: a construção de um novo paradigma de justiça criminal. Brasilia: Thesaurus, 2014.

TOURAINE, A. **Poderemos viver juntos?** Iguais e diferentes. Tradução de Carlos Aboin de Brito. Lisboa: Instituto Piaget, 1998.

UMBREIT, M. S.; COATES, R. B. **Multicultural Implications of Restorative Justice**: Potential Pitfalls and Dangers. Minnesota: Center for Restorative Justice & Peacemaking; Office for Victims of Crime, 2000. Disponível em: <https://www.ncjrs.gov/ovc_archives/reports/restorative_justice/restorative_justice_ascii_pdf/ncj176348.pdf>. Acesso em: 4 maio 2020.

UNESCO – Organização das Nações Unidas para a Educação, a Ciência e a Cultura. **Manifesto 2000**: por uma Cultura de Paz e Não Violência. 2000. Disponível em: <http://www.direitos humanos.usp.br/index.php/UNESCO-Organiza%C3%A7%C3%A 3o-das-Na%C3%A7%C3%B5es-Unidas-para-a-Educa%C3%A7% C3%A3o-Ci%C3%AAncia-e-Cultura/manifesto-em-defesa-da-paz-2000.html>. Acesso em: 4 maio 2020.

VASCONCELOS, C. E. de. **Mediação de conflitos e práticas restaurativas**: modelos, processos, ética e aplicações. 3. ed. rev., atual. e ampl. São Paulo: Forense; Método, 2014.

WILLIS, J.; ROSS, T. **Morcego bobo**. Tradução de Monica Stahel. São Paulo: M. Fontes, 2007.

ZAFFARONI, E. R. et al. **Direito penal brasileiro**: teoria geral do direito penal. 4. ed. Rio de Janeiro: Revan, 2011. v. 1.

ZAFFARONI, E. R.; PIERANGELI, J. H. **Manual de direito penal brasileiro**: parte geral. 8. ed. São Paulo: Revista dos Tribunais, 2009.

ZEHR, H. **Justiça restaurativa**. Tradução de Tônia Van Acker. São Paulo: Palas Athena, 2012.

_____. **Trocando as lentes**: um novo foco sobre o crime e a justiça. Justiça restaurativa. Tradução de Tônia Van Acker. São Paulo: Palas Athena, 2008.

Respostas[1]

Capítulo 1

Questões para revisão

1. O próprio sistema pode servir de exemplo de situação em que se aplica a frase de Muller. Nesse sentido, o Estado, ao agir com violência, acaba reproduzindo ainda mais violência.

2. O crime pode ser compreendido como um comportamento que viola uma norma, rompendo com o sentido de ordem e com o contrato social vigente. Ainda, como conceitua Zehr (2008), o crime pode constituir também uma violação do próprio ser.

3. b

---

1 Todas as fontes citadas nesta seção constam na lista final de referências

4. d

5. b

Capítulo 2

Questões para revisão

1. Para a justiça retributiva, o crime é uma violação contra o Estado, o qual determina a culpa e atua de modo punitivo, sem atender às necessidades da vítima nem do ofensor. Já a justiça restaurativa consiste em dar uma resposta às violações e a suas consequências mediante a participação de todos os envolvidos, direta e indiretamente, focando a construção conjunta de formas de tratar do dano causado.

2. A vítima tem um papel participativo e é inserida no sistema de justiça, que cria condições para a reparação do dano, o recebimento de informações e a possibilidade de diálogo com o ofensor, o que pode acarretar maior segurança e a renovação de sua esperança.

3. a

4. c

5. d

Capítulo 3

Questões para revisão

1. Sim, pois, além das medidas socioeducativas aplicadas aos adolescentes que cometem ato infracional, as quais devem ter caráter pedagógico e não punitivo, a própria Lei n. 12.594/2012 (Lei do Sinase) prioriza o modelo restaurativo na aplicação e na execução das medidas.

2. A doutrina da proteção integral garante um conjunto de direitos fundamentais voltados à criança e ao adolescente, concebendo

ambos como sujeitos de direitos, diferentemente da doutrina da situação irregular, segundo a qual crianças e adolescentes são objetos de proteção e intervenção do Estado.

3. b

4. c

5. c

Capítulo 4

Questões para revisão

1. Consiste na recusa de toda e qualquer forma de violência.

2. É a combinação dos vetores *apoio* e *controle*, a qual pode resultar em arranjos que denotem modelos de disciplina punitiva, negligente, permissa ou restaurativa, sendo a última a combinação mais adequada para o desenvolvimento do ser humano.

3. b

4. c

5. d

Capítulo 5

Questões para revisão

1. A proposta dos círculos de construção de paz é oferecer um espaço para acolher vítimas de um crime, bem como o ofensor e a comunidade, em uma parceria com o Poder Judiciário, de modo a criar formas eficazes de lidar com o crime e de promover o bem-estar e a segurança de todos. Nesse sentido, os propósitos desses círculos são possibilitar a construção de um sistema de apoio para as vítimas de um crime, decidir a melhor sentença para o ofensor, ajudando-o a responsabilizar-se pelos seus atos, e fortalecer o senso comunitário, precavendo futuros crimes.

2. As Conferências de Grupos Familiares foram criadas para atender a demandas que envolviam crianças e adolescentes em situação de risco, na iminência de serem retiradas de suas famílias. Graças a essas conferências, surgiu a possibilidade de as famílias desenvolverem uma proposta alternativa a essa ação.

3. b

4. c

5. b

Capítulo 6

Questões para revisão

1. Entre as habilidades a serem desenvolvidas pelos facilitadores de processos restaurativos, podemos citar o desenvolvimento do autoconhecimento, da empatia, da comunicação compassiva e da capacidade de não julgar, o que contribui para uma escuta mais ativa e para um processo relacional mais sincrônico.

2. A comunicação não violenta é uma proposta de resgatar nossa essência compassiva, que foi sendo deixada de lado ante a predominância da lógica da dominação, da exclusão e da exploração. Nesse sentido, trata-se de uma proposta comunicacional baseada no princípio da não violência, que preconiza um movimento, uma postura ativa no sentido de não causar danos a nós mesmos e aos outros, especialmente por resgatar nossa humanidade compassiva por meio de um processo empático conosco e com os demais.

3. a

4. d

5. c

Capítulo 7

Questões para revisão

1. O controle social formal é aquele advindo dos sistemas normativos, das formas de organização do Estado. Por sua vez, o controle social informal pode ser exercido pela família, pela comunidade, pela igreja, pela escola etc., ou seja, trata-se de uma forma mais orgânica de controle, proveniente da própria comunidade.

2. A animação de redes sociais consiste na organização de pessoas, de natureza cooperativa, para intensificar a capacidade de identificar e mobilizar recursos locais, de modo a conhecer os pontos fortes de determinada comunidade.

3. d

4. c

5. a

Sobre a autora

Adriana Accioly Gomes Massa é graduada em Serviço Social pela Pontifícia Universidade Católica do Paraná (PUCPR) e em Direito pela Fundação de Estudos Sociais do Paraná (Fesp-PR). É especialista em Dependências Químicas pela PUCPR e em Terapia Familiar pelo Centro de Terapias Integradas, além de mestre em Organizações e Desenvolvimento pela FAE Centro Universitário. Tem ainda formação em Educação Gaia pelo Gaia Education. Integram sua formação complementar os cursos de: Art of Hosting – educação; Herramientas Sistémicas de Transformación e Integración Cultural (com Humberto Maturana); Introducición a la Obra e Pensamiento de Edgar Morin; Design Thinking; Dragon Dreaming; Tecnologias da Convivência; Práticas, Círculos e Reuniões Restaurativas (International Institute for Restorative Practices – IIRP); Mediação de Conflitos e Justiça Restaurativa; Formação de Facilitadores (com Kay Pranis); ToT – Formação de Facilitadores (Gaia Education); além de diversos cursos sobre comunicação não violenta. Atualmente, é facilitadora de oficinas de comunicação não violenta, ministra cursos nas áreas de prevenção ao uso de drogas, gestão e transformação de conflitos e metodologias circulares e é mediadora judicial do Tribunal de Justiça do Estado do Paraná (TJPR). Atua como professora na Escola da Magistratura do Estado do Paraná, na pós-graduação da Universidade Tuiuti do Paraná (UTP), no UniAmérica Centro Universitário e no UniBrasil Centro Universitário, além de ser pesquisadora do Grupo de Pesquisa em Justiça Restaurativa e Acesso à Justiça (Centro Universitário Internacional Uninter).

Os papéis utilizados neste livro, certificados por instituições ambientais competentes, são recicláveis, provenientes de fontes renováveis e, portanto, um meio sustentável e natural de informação e conhecimento.

Impressão: Log&Print Gráfica & Logística S.A.
Abril/2021